CHRISTENTUM IN CHINA

Meinen Ahnen in Dankbarkeit gewidmet

CHRISTENTUM IN CHINA

在中国的基督教徒

Von Frater Richard Reinisch OSB

理查德　澜旋施　教友

Bibliografische Information der Deutschen Nationalbibliothek
Die Deutsche Nationalbibliothek verzeichnet diese Publikation in der Deutschen Nationalbibliografie; detaillierte bibliografische Daten sind im Internet über http://dnb.d-nb.de abrufbar.

Impressum: ©2010 Richard Reinisch, Autor
ISBN: 978-3-8423-3148-8, 3. Auflage
Herstellung und Verlag: Books on Demand GmbH, Norderstedt, BRD

Inhaltsverzeichnis

Vorwort 9
   Einleitung 10
Ausbreitungs-Geschichte 10
   Im 7. Jahrhundert 11
   Im 11./12. Jahrhundert 13
   Im 13./14. Jahrhundert 14
   Im 16./17. Jahrhundert 17
   Im 19. Jahrhundert 21
   Chinesische Märtyrer: 22
   Große katholischer Missionare der Neuzeit: 27
      1.   Matteo Ricci (1552-1610) SJ 27
      2.   Johann Adam Schall von Bell (1592-1666) SJ 28
      3.   Wolfgang Andreas Koffler (1603-1651) SJ 30
      4.   Theophile Verbist (1823-1868) CICM, ... 30
      5.   Vincent Lebbe (1877-1940) CM 30
      6.   Josef Freinadametz (1852-1908) SVD 31
   Große evangelische Missionare: 32
      1.   Robert Morrison (1782-1834) 32
      2.   Karl Friedrich August Gützlaff (1803-1851) 33
      3.   James Hudson Taylor (1832-1905) 34
      4.   John Sung (1901-1944) 35
      5.   Watchman Nee (1903-1972) 36

Chronologie im 20. Jahrhundert 37
   Die wichtigsten Ereignisse von 1911-1949: 37
   Beginn dramatischer Zeiten 1949-1965: 42
   Kulturrevolution1966 - 1976: 45
   Lichtblicke am Horizont 1977-1999: 49
   Chronologie im 21. Jahrhundert und Gegenwart 75
Beziehung zwischen Staat und Buddhismus 84
Islam im heutigen China 85
Aktuelle Situation der christlichen Kirchen in China (2010) 86
   Rolle der katholischen Familien 89
   Priesterseminare und Schwesternkonvente 91
   Urbanisierung 93
   Öffnung der katholischen Gemeinden 94
   Sozialarbeit 96
   Neue geistige Orientierung 99
   Wissenschaft und Christentum 100
   Religionspolitik 102
      Verhältnis des chinesischen Staates zum Vatikan 103
      Verhältnis von Christentum und Staat: 105
      Zusammenfassung des rechtlichen Rahmens: 106
Warum werden sie Christen? 108
   Berührung mit den vier großen Religionen/Philosophien: 110
      1.   den Daoismus 110
      2.   den Konfuzianismus, bzw. Neokonfuzianismus 111
      3.   den Buddhismus 112

4. den Islam 113
GEBETE: Vater unser 主禱文 (zhǔdǎowén – Gottes-Gebet) 113
   Traditionell: 114
   Vereinfacht: 115
Auferstehen 115
Saat und Ernte 116
Bittgebet 117
Nachtduft 119
Reisesegen 119
Verkündigung 120
   Kirchen in Běijīng: 121
      Südkirche 121
      Ostkirche 123
      Nord-Kirche oder Xīshíkù - Kathedrale 129
      Westkirche oder Xīzhímén -Kirche 131
      Dōngjiāomínxiàng Kirche 东交民巷 132
      St. Theresa 小德肋撒堂(xiǎo dé lèi sǎ)/ Nán gǎngzǐ Kirche 南岗子堂 132
      Píngfáng-König-Jesu-Kirche / 平房耶稣君王堂 133
   Kirchen in Shànghǎi: 133
      St. Ignatius Kirche 依纳爵堂(Yīnàjué) / Xújiāhuì -Kathedrale 徐家汇天主教堂 136
      St. Petrus Kirche 圣伯多禄天主堂(shèng bó duō lù) 139

Kirche von Christus dem König 基督君王天主堂 (Jīdū jūnwáng tiānzhǔtáng) 140

St. Franz Xaver Kirche 圣方济沙勿略堂 (shèng fāng jǐ shā wù lüè táng)/ Dǒngjiādù-Kirche 140

Herz Jesu Kirche 张家楼耶稣圣心堂 (zhāng jiā lóu yēsū shèng xīn)/ Zhāngjiālóu-Kirche 141

Mutter Gottes Kirche 佘山山顶 / Shéshān shāndǐng - Basilika 143

Mutter Gottes Mittelkirche 中山圣母保堂(Zhōngshān shèngmǔ bǎo táng) / Shéshān Mittelkirche 145

Shànghǎis Religionen in Zahlen 146

Ürümqi/ Xinjiang 148

Chéngdū 150

Chóngqìng 151

Éméi Shān 峨眉山/Sìchuān 152

Píngyáo/Shanxi (平遥 / 平遥) 153

Qīngdǎo 青岛/Zhèjiāng 155

Dàlián 大连市/Liaoning 157

Tài'ān 泰安市/Shandong 157

Christliche Kunst: 163

Malkunst: 163

Scherenschnittkunst: 166

Schlussbemerkung: 168

Literaturverzeichnis: 170

Index 173

Übersichtskarte:

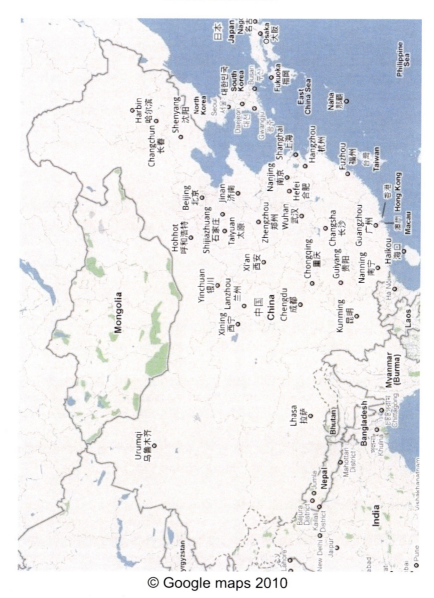

© Google maps 2010

Vorwort

Der Verfasser dieses Buches war im Laufe seiner Tätigkeit als Maschinenbauer, Lehrer und auch technischer Berater öfter in China und wurde dort von der Jahrtausende alten Kultur fasziniert. Als er dann in seiner Pension in ein Benediktinerkloster eintrat, erinnerte er sich an die Begegnungen mit chinesischen Christen und beschloss deren schwierigen Weg, teils durch Literaturstudium, teils durch Reisen, zurück zu verfolgen. Auch war für ihn überraschend, dass eigentlich wenig neuere deutschsprachige Literatur dazu vorhanden ist, wie man in Europa generell wenig über China weiß und wenn, dann viele Vorurteile vorherrschen.

Besonderes Interesse erweckte die Frage, ob die drei Säulen der Mission: Heilung, bzw. Sozialarbeit, Unterricht und Verkündigung noch stabil sind, bzw. welche chinesische Ausprägung diese erhalten haben.

Einleitung

Nach einem mehr kirchengeschichtlichen Blick auf die Situation der Kirche in China sollen einige allgemeine Aspekte angesprochen werden, vertieft durch Beschreibung von Kirchen und Religionsstatistik. Um auch in China Personen und Orte zu finden, wurden diese, soweit bekannt, in (vereinfachten) chinesischen Schriftzeichen, bzw. mit der Pinyinaussprache und –betonung (Hànyǔ Pīnyīn Fāng'àn 汉语拼音方案) versehen. Weiters wird oft nach den Ortsnamen die zugehörige Provinz mit Schrägstrich nachgestellt, z.B. Beispiel: Hángzhōu (杭州) /Zhèjiāng.

Ausbreitungs-Geschichte

Mehrmals hat im Laufe der Geschichte das abendländische Christentum versucht in China (中国 Zhōng guó) dem „Reich/Land der Mitte", Fuß zu fassen, doch fand es möglicherweise noch nicht den Mittelweg oder ist es - viel weiter gesehen - eine Art Kreislauf, dem die Einpflanzung der Religionen folgt? Sehen wir uns also die Entwicklung etwas genauer an:

Im 7. Jahrhundert

Zum ersten Mal kam das Christentum in nestorianischer Form durch die Anhänger der Lehre des Nestorius (381 - 451?; 428–431 Patriarch von Konstantinopel) nach China. Im Gegensatz zu den monophysitischen Tendenzen der Theologie des Kyrill von Alexandria, sind nach dieser Lehre die göttliche und die menschliche Natur in Jesus Christus prinzipiell getrennt, jedoch in Liebe miteinander verbunden; Nestorius wandte sich gegen die Bezeichnung Marias als Gottesgebärerin, besser wäre Christusgebärerin. 431 Verurteilung des Nestorianismus und Absetzung des Nestorius durch das Konzil von Ephesos – unter dem heiligen Papst Coelestin I. (war vom 10. September 422 bis 27. Juli 432 Bischof von Rom); Auswanderung der Nestorianer in das Sassanidenreich; 486 Trennung von der Reichskirche und Gründung der nestorianischen Kirche (auch ostsyrische Kirche).[1]

Dann erreichte ein Mönch Alopen (oder Alouben oder Rabban oder Jaballus 635) aus der nestorianischen Kirche Syriens auf der Seidenstraße das chinesische Kaiserreich:

---

[1] http://de.wikipedia.org/wiki/Nestorianismus

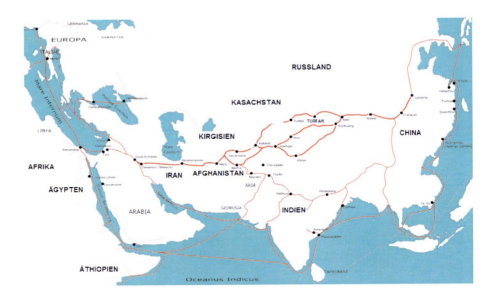

Der in jener Zeit – in der Tang-Dynastie (618–907) – regierende, sehr tolerant gesinnte Kaiser Tàizōng 唐太宗, bzw. Táng Tàizōng; * 599; † 10. Juli 649) nahm den Mönch und seine Begleiter freundlich auf und ließ die mitgebrachten christlichen Schriften ins Chinesische übersetzen. Das folgende Bild dieses Kaisers wurde von Yán Lìběn 阎立本 (~600-673) gemalt:[2]

---

[2] Chinesische klassische Malerei, Richard Reinisch, BOD-Verlag, 2010, 2. Auflage, S.20

Er gestattete den Nestorianern sogar, zunächst in der Hauptstadt, später auch in den Provinzen, Klöster zu errichten und im ganzen Land ungehindert zu missionieren. Als Mitte des 9. Jahrhunderts (835) jedoch ein kaiserliches Edikt alle fremden Religionen verbot und die Schließung ihrer Klöster befahl, war auch für die kleine nestorianische Mönchskirche mit ihren etwa 3.000 Anhängern das Ende gekommen. Allerdings sollen diese nur Ausländer gewesen sein.[3]

Darüber weiß man vom 779 im westlichen China errichteten Steindenkmal (Stele), das von der Einführung der großen „leuchtenden Religion aus Ta-Ch'in (dem Judenlande)" berichtete. Als man diese Stele 1625 in Sianfu (heute Xī'ān 西安) fand, hatte man damit die Erklärung, wieso so viel später Matteo Ricci (1552-1610) bei seiner Missionstätigkeit christliche Elemente vorfinden konnte. Noch viele Veröffentlichungen zeugen von den Spuren dieser Anfänge des Christentums in Form von Steinkreuzen, Stelen und Grabsteinen.[4]

Im 11./12. Jahrhundert

Im 11. Jahrhundert kam es neuerlich zu Missionierungen durch die Assyrische Kirche des Ostens unter den Keraiten (einem nichtchinesischen Stamm in den nördlichen Provinzen Chinas), die praktisch 1007 christianisiert waren,[5] und Uighuren. Dschingis Khan (1162-1227) verheiratete seinen jüngsten Sohn Tolui/Tului mit der christlichen keraitischen Prinzessin Sorkhatani Beki, die die Mutter von Kublai Khan (1215-1294) wurde. Auch die Lieblingsfrau von Kublai Khans Bruder Hülägü (kam nach Persien, Irak und Syrien) war eine christliche keraitische Prinzessin. Unter den Mongolen war China für die Christen wieder offen.

---

[3] Fonti Ricciani I, Roma 1942 von Pasquale D'Elia
[4] http://www.china-zentrum.de/Jg-XXIX-2010-Nr-2.331.0.html?&L=0, bzw. China heute, Jg-XXIX-2010-Nr-2, S.108ff
[5] Vgl. Guiseppe Messina, Christianesimo Buddhismo Manicheismo nell'Asia Antica, Roma 1047, S.83-84, René Grousset, L'Empire Mongol, Paris 1941, S.28-29

Im 13./14. Jahrhundert

Der zweite Missionierungsversuch begann im 13. Jahrhundert, als China von den Mongolen regiert wurde und liest sich wie eine „thrilling story". Auf dem 1.Konzil von Lyon 1245 ließ Papst Innozenz IV. beschließen, eine Anzahl von Franziskaner- und Dominikanerbrüdern an den Hof des Großkhans zu entsenden, um das Terrain für eine mögliche antiislamische Zusammenarbeit zu sondieren.

Die erste und zweifellos wichtigste Delegation stand unter der Führung des Franziskaners Giovanni del Pian del Carpini. Über Breslau und Kiew reiste 1245 der Ordensbruder an die untere Wolga und weiter über die Dsungarei nach Karakorum, der Residenz des Großkhans, etwa 300km westlich des heutigen Ulan-Bator gelegen. Im Gepäck führte er ein päpstliches Schreiben mit, das ihn als Gesandten Papst Innozenz IV. auswies und das den Großkhan aufforderte, von weiteren Einfällen ins Abendland Abstand zu nehmen, sich vielmehr taufen zu lassen und Christ zu werden. Die Antwort des Mongolenherrschers fiel nicht minder eindeutig aus: Großkhan Göjük (Enkel von Dschingis) verlangte seinerseits vom Papst, mit allen Königen des Abendlandes nach Karakorum zu kommen und ihm zu huldigen. Über seine insgesamt dreijährige Reise (1245-48) fertigte Carpini einen detaillierten, weitgehend zuverlässigen Bericht an. Dem Buch wurden unterschiedliche Titel gegeben, z.B. *Ystoria Mongalorum quos nos Tartaros appelamus* („Geschichte der Mongolen, die wir Tartaren nennen"), Liber Tartarorum oder Liber Tatarorum („Buch der Tartaren [bzw. Tataren]"). Unvoreingenommenheit, ja Anerkennung und sogar Bewunderung zeichnen die Schilderung der Lebensart der Mongolen, ihrer Fertigkeiten und ihrer politischen Organisation aus, Ablehnung finden naturgemäß ihre religiösen Vorstellungen. Carpini berichtet wohl auch als erster Europäer von den Japanern, die er »Volk der Sonne« nennt.

Teilweise die gleiche Route wie Carpini schlug wenige Jahre später sein Ordensbruder Wilhelm von Rubruk (1210-ca.1270) ein. Der Flame, der im Auftrag Ludwigs IX. von Frankreich, des Papstes Innozenz IV. und des lateinischen Kaisers Balduin II. von Konstantinopel reiste, war 1253 aufgebrochen und hatte sich sechs Monate in Karakorum aufgehalten, bevor er 1255 zurückkehrte. Rubruks Sprachkenntnisse, die freilich stets durch Dolmetscher aus Europa - während der Mongolenzüge verschleppte Gefangene - unterstützt wurden, erlaubten es ihm auch, in Karakorum an einem großen Religionsgespräch (30. Mai 1254) mit Vertretern des Islams, der buddhistischen Geistlichkeit und der nestorianischen Kirche teilzunehmen. Die Disputation, die in Anwesenheit des Großkhans Möngke (Sohn des Tului) stattfand - die religionstoleranten Großkhane neigten zum Islam[6], zum Teil auch zum Buddhismus[7] - fand ein tumultuarisches Ende.[8]

Rubruks Bericht zählte bis ins 18. Jahrhundert zu den genauesten Beschreibungen Zentralasiens. Das Mongolenreich schilderte auch er als ein wohl geordnetes Staatswesen. Darüber hinaus brachte er viele neue geographische und ethnographische Erkenntnisse nach Europa, so etwa die Kunde, dass man im Fernen Osten Papiergeld verwendete, dass die Chinesen keine Buchstaben-, sondern eine Symbol-, bzw. Silbenschrift benutzten und dass das Kaspische Meer keine Bucht des südlichen Ozeans, sondern ein großes Binnengewässer war. Hinsichtlich der Bekehrung der Mongolen war er realistisch genug, von weiteren diesbezüglichen Anstrengungen abzuraten.

Der Papst Bonifatius VIII. entsandte dann 1294 den Franziskaner Johannes von Montecorvino (1246-1328) zur Glaubensverbreitung nach Běijīng. Auch ihm gelang es rasch, sich Zugang zum Kaiserhof zu verschaffen, und er erhielt die Erlaubnis, in der Hauptstadt 1299 eine Kirche zu gründen. Die Assyrische Kirche des Ostens hatte 1307 in Běijīng einen Erzbischof und in mehreren chinesischen Städten gab es Gemeinden und Klöster.[9] 1278

---

[6] „Schneller, höher, stärker". China und die Olympiade 2008. Evangelisches Missionswerk in Deutschland (EMW) – China InfoStelle (CIS) (Hrsg.), S.48f
[7] Ebenda, S.44f
[8] Pax mongolica (c) wissenmedia GmbH, 2010
[9] http://de.wikipedia.org/wiki/Chinamission

erreichte sogar ein Bericht den Papst Nikolaus III, dass Kublai Khan getauft worden sei.

Montecorvino wird Erzbischof von Cambalu (Schreibweise von Marco Polo für Běijīng - auch Khanbaliq, die „Stadt des Königs" genannt und 1264 von Kublai Khan gegründet). In den 34 Jahren seines Wirkens konnte er etwa 30.000 Chinesen und Mongolen für das Christentum gewinnen. Er war es der die Psalmen und das Neue Testament ins Mongolische übersetzte.

1318 kam der Franziskaner Odorich von Pordenone nach Běijīng (wo er bis 1321 blieb und 1330 heimkehrte), 1342 folgte schließlich Johann von Margnoli - er kehrte 1353 aus China zurück.[10]

Es folgt die Steininschrift eines nestorianisch-christlichen Kreuzes der mongolischen Yuan-Dynastie (1271-1368, *Yuan* bedeutet Uranfang), sie befindet sich im Hauptstadtmuseum von Běijīng, 16 Fuxingmenwai Dajie, Xixeng: [11]

---

[10] Missionsreisen nach Asien *(c) Bibliographisches Institut & F. A. Brockhaus AG, 2006*

[11] http://commons.wikimedia.org/wiki/File:Yuan_stone_Nestorian_inscription_%28rep%29.JPG

Als sich die Chinesen allerdings 1368 der mongolischen Fremdherrschaft entledigten (Beginn der Ming-Dynastie), wandelte sich auch die Stimmung gegenüber den Christen und eine große Christenverfolgung setzte ein. Als die Jesuiten zwei Jahrhunderte später den dritten Missionierungsversuch begannen, konnten sie kaum noch Spuren der früheren Franziskanermission finden.

Insgesamt lassen sich heute für die Zeit zwischen 1242 und 1448 (inklusive etwa Wilhelm von Rubruks und Marco Polos Reisen) 126 Chinareisen nachweisen, davon nach dem Jahr 1371 allerdings nur noch sechs.[12]

Marco Polo in China (Miniatur aus dem Buch *Il milione*, Über die Reisen des Marco Polo, 1298–1299)

Im 16./17. Jahrhundert

1570 kamen die Franziskaner auf dem Landweg wieder zurück nach China. Die Jesuiten erreichten hingegen das chinesische

---

[12] Weltreisende des Mittelalters (c) wissenmedia GmbH, 2010

Festland auf dem Seeweg. Zu den bedeutendsten unter ihnen zählten die Italiener Matteo Ricci (1552-1610, siehe später), der 1583 in China ankam und Michele Ruggieri (1543-1607), dann der Kölner Johann Adam Schall von Bell (1592-1666) - unter dem längstregierenden chinesischen Kaiser Kāngxī 康熙 (geb.1654, Regierungszeit:1661–1722) - und der Belgier Ferdinand Verbiest (1623-1688).[13] Das folgende linke Bild zeigt oben die Asienmissionare Ignatius von Loyola und Franz Xaver, darunter links Johann Adam Schall von Bell, als Hofastronom Mandarin erster Klasse, und rechts Mateo Ricci. Sie halten eine Landkarte von China auf der die Inseln Hainan, Formosa (Taiwan) und Japan sowie Korea erkennbar sind. Das rechte Bild zeigt links Matteo Ricci und rechts den ersten getauften chinesischen Gelehrten Paul Xú Guāngqǐ. Aus: *Athanasius Kircher (1601/02-1680), China illustrata, Amsterdam (Herausgeber: Johannes Jansson van Waesberg) 1667*:

---

[13] Das Neueste über China Li Wenchao (Autor), Hans Poser (Autor), Gebundene Ausgabe, Verlag: Steiner, 2002, S.89f

Die Jesuiten durften zunächst nicht als Missionare chinesischen Boden betreten, sondern als Gelehrte, die ihre viel bestaunten Kenntnisse in Astronomie, Mathematik, Physik, Chemie und auch Literatur in den Dienst der chinesischen Beamten stellten und sich damit die Gunst des Kaisers erwarben. Dieser erlaubte ihnen dann, im Lande ihren Glauben ungehindert zu verbreiten. Vor allem Ricci erkannte sehr bald, dass die Mission nur durch die Anknüpfung an die chinesische Kultur, Tradition und Lebensweise dauerhaften Erfolg haben würde. So verfolgte er das Ziel, das Christentum in Übereinstimmung mit bestimmten Grundanschauungen des Konfuzianismus[14],[15] zu lehren. Er versuchte, eine Anpassungsmethode zu entwickeln, insbesondere was die traditionelle Verehrung des Konfuzius/Kǒng Fūzǐ 孔夫子 (er lebte vermutlich von 551 v. Chr. bis 479 v. Chr.), des legendären Laotse/Lǎozǐ 老子 (lebte vermutlich im 4.-3.Jhdt.) und anderer Weisen des Altertums sowie den chinesischen Ahnenkult (Volksreligion: auch mit magischen und asketischen Praktiken) betraf. Dadurch war nach 50-jähriger Tätigkeit die Zahl der Gläubigen bereits auf etwa 150.000 gestiegen.

Geschichte in Macao: dort gründeten die Portugiesen 1602 z. B. die St. Paulskirche, welche bis 1835 bestand – heute besteht nur mehr die Fassade.

---

[14] Konfuzianismus (c) wissenmedia GmbH, 2010
[15] „Schneller, höher, stärker". China und die Olympiade 2008. Evangelisches Missionswerk in Deutschland (EMW) – China InfoStelle (CIS) (Hrsg.), S.38f

Doch bereits Mitte des 17. Jahrhunderts führten innerkirchliche Auseinandersetzungen über die Verwendung der chinesischen Gottesnamen und die Einstellung zum Ahnenkult (Volksreligion) zum sogenannten „Ritenstreit" (Franziskaner und Dominikaner - seit 1631 in China - auf der einen und Jesuiten auf der anderen Seite), der mit einem Votum von Seiten Roms gegen die Methode Riccis endete. Papst Clemens XI. (Amtszeit: 1700–21) entschied 1704 und nach Rekursion 1715 neuerlich gegen die Jesuiten.

Die chinesische Seite - unter Kaiser Yōngzhèng (1722–1735) - reagierte darauf 1724 mit einem Verbot des Christentums, infolgedessen das Christentum in China bis zum 19. Jh. in einer institutionalisierten Form zu existieren aufhörte.[16] Nach weiteren Prü-

---

[16] http://de.wikipedia.org/wiki/Ritenstreit

fungen verbot Papst Benedikt XIV. mit seiner Päpstlichen Bulle *Ex quo singulari* 1742 die chinesischen Riten.

Im 19. Jahrhundert

1785 hatten die Lazaristen die Jesuiten in Běijīng abgelöst. Im 19. Jahrhundert und auch noch im 20. kam das Christentum – diesmal sowohl in katholischer wie in protestantischer Form – in engem Zusammenhang mit dem Vorstoß des westlichen Imperialismus noch stärker nach China. Durch die "ungleichen Verträge" von Nánjīng (1842) als Folge des Opiumkrieges (1840-42) sicherten sich die Westmächte auch das Recht, dass die christlichen Missionare ungehindert ihre Tätigkeit in China ausüben durften. Die Mission erlebte dadurch in der zweiten Hälfte des 19. und zu Beginn des 20. Jahrhunderts eine Blütezeit, in der neben den traditionellen (Franziskaner, Dominikaner, Jesuiten) zahlreiche neue Missionsgesellschaften in China tätig wurden und vieles im seelsorgerischen und karitativen Bereich aufgebaut wurde. Die Zahl der Katholiken betrug im Jahre 1842 etwa 250.000, 1900 erreichte sie fast die Millionengrenze, und 1920 gab es bereits ca. 2 Millionen Katholiken.

Die Verbindung mit dem Imperialismus[17] hat allerdings dem Ansehen des Christentums nachhaltig geschadet,[18] und es kam nicht selten zu blutigen Auseinandersetzungen, insbesondere während des "Boxeraufstandes 义和团起义 Yìhétuán qǐyì " (Mai bis August 1900), in dessen Verlauf etwa 30.000 Christen ums Leben kamen.[19],[20]

---

[17] Von Österreichern und Chinesen von Gerd Kaminski und Else Unterrieder (Gebundene Ausgabe : 1084 Seiten), Verlag: Europa, Wien, S.206ff, 1980

[18] Histoire des relations de la Chine avec les puissances occidentales, 1860-1900: Tome 3. L'Empereur Kouang-Siu. Partie 2: 1888-1902 von Henri Cordier von Adamant Media Corporation (Taschenbuch - 27. Mai 2005), S.88f

[19] Génocides tropicaux. Catastrophes naturelles et famines coloniales (1870-1900), Aux origines du sous-développement von Mike Davis von Editions La Découverte, S.199f

Im folgenden Bild sieht man die Verbotene Stadt und rechts davon die östliche/französische Kathedrale (Dōng táng 东堂– siehe später auf S.123) zu dieser Zeit:

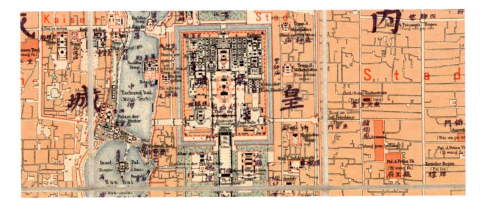

Chinesische Märtyrer:

Am 9. Juli jeden Jahres wird all der Katholikinnen und Katholiken gedacht, die zu verschiedenen Zeiten und an verschiedenen Orten in China für ihren Glauben gestorben sind.

Die römisch-katholische Kirche erkennt insgesamt 120 Katholiken, die zwischen 1648 und 1930 als ihre „Märtyrer in China" starben, an.[21] Sie wurden durch Papst John Paul II am 1. Oktober 2000 heiliggesprochen. Der Gruppe gehören 87 chinesische Laien und 33 Missionare an - während des Boxer-Aufstands (siehe dort) im Jahr 1900 starben insgesamt 86 Menschen. Dazu gehören die vier Jesuitenpatres Rémy Isoré, Modest Andlauer, Léon Mangin und Paul Denn sowie 52 chinesische Männer, Frauen und Kinder, die im Juli 1900 im Zuge des Boxeraufstands ermordet wurden:

 Als dieser begann, hielt sich P. Isoré in Xianxiang/Zhèjiāng, in der Jesuitenkommunität, auf. Als er aber im Juni 1900 die Nachricht

---

[20]http://www.jesuiten.at/index.php?id=198&tx_sihistory_pi1[uid]=20&cHash=29fba710de
[21] http://en.wikipedia.org/wiki/Martyr_Saints_of_China

erhielt, dass die Boxer (ursprünglich eine soziale Bewegung) in der Nähe seiner Missionsstation Weixian/Hénán aktiv wären, beschloss er, zu den ihm Anvertrauten zurückzukehren. Auf dem Weg dorthin reiste er über Wuyi/Anhui, wo P. Andlauer stationiert war. Am 19. Juni, dem Tag seiner Ankunft, wurde dieser Ort von den Boxern eingenommen. Die beiden Jesuiten zogen sich in die Kirche zurück, in der sie dann von den Boxern mit Schwertern und Lanzen getötet wurden.

Im Jahr 1900 übersiedelte P. Mangin in die Stadt Zhujiahe, deren Einwohnerzahl von ursprünglich 400 auf 3000 angestiegen war, was vor allem auf einen großen Zustrom von christlichen Flüchtlingen zurückzuführen war. Da P. Mangin sich darüber im Klaren war, dass die Boxer auch hierher kommen würden, ließ er die Stadt so gut wie möglich befestigen und Vorräte anlegen. Als für dieses Gebiet verantwortlicher Superior holte er auch P. Denn, der in Gucheng stationiert war, zu Hilfe. Am 15. Juli 1900 griffen die Boxer Zhujiahe erstmals an, wurden aber von den gut vorbereiteten Einwohnern zurückgeschlagen. Das wiederholte sich auch am nächsten Tag. Doch am übernächsten erhielten die Angreifer die Unterstützung von 2.000 Soldaten der kaiserlichen Armee verstärkt. Einigen Dorfbewohnern gelang die Flucht, doch die beiden Jesuiten beschlossen, bei ihrer Gemeinde auszuharren. Am 20. Juli stürmten die Boxer die Kirche, in der sich die Gläubigen verbarrikadiert hatten, und töteten alle Versammelten. Bis 1901 verblieben die Gebeine der Märtyrer am Ort des Massakers, erst dann wurden sie in 57 Särge gebettet und in der an diesem Ort errichteten Kirche begraben.

Auch ist von 182 Protestantische Missionare und 500 chinesische Protestanten bekannt, dass diese beim Boxeraufstand getötet worden sind, aber die Zahl der Chinesen, die betroffen sind, könnten höher gewesen sein.

Die Östliche Orthodoxe Kirche (dōng zhèng jiào 东正教) anerkennt 222 Albaziner (Russische Kosaken von Albazin am Amur) an, die während der Boxer Rebellion als "Heilige Märtyrer von China" starben. Diese waren meist Mitglieder der Chinesisch Orthodoxen Kirche, welche durch Russisch Orthodoxe Missionare im Jahr 1685[22] gegründet wurde und insbesondere enge Beziehung zur Russischen Gemeinde in Harbin aufrecht hielt. Diese werden „Neue Märtyrer - gezählt ab dem Fall von Konstantinopel 1453" genannt, da sie unter dem „Neuen Regime" starben. Der erste dieser Märtyrer war der Metrophane Chi Sung.[23] Heute untersteht die Autonome Orthodoxe Kirche von China der Russischen Orthodoxen Kirche des Moskauer Patriarchats.[24]

An jenem 20. Juli 1900 waren möglicherweise insgesamt 1.370 Christen ermordet worden.

---

[22] http://www.orthodox.cn/index_en.html
[23] http://www.orthodox.cn/news/index_en.html
[24] http://www.russische-kirche-l.de/deutsch/l-geschichte-statistikd.htm

Wie kam es zu dieser Christenverfolgung in einem Land in dem Geduld, Genügsamkeit und Bedürfnislosigkeit stets als wichtige Tugenden galten?

China hatte sich bis in das 19. Jahrhundert gegen den Rest der Welt abgeschottet. Insbesondere seit dem Vertrag von Tiānjīn 天津 (1858) gab es jedoch im Land immer mehr Ausländer, die zum Teil mit großen Sonderrechten ausgestattet waren, die sie unter anderem vor der chinesischen Justiz schützten. Als der ausländische Handel um 1897 verstärkt einheimische Erzeugnisse verdrängte, wurden viele Menschen erwerbslos. Das betraf besonders die Heimweberei und die Spinnerei, ebenso die Kanalschifffahrt, welche gegen die „ausländische" Eisenbahn chancenlos war. Dazu kamen 1899 Hungersnöte aufgrund von Überschwemmungen und Heuschreckenplagen. Im Jahr 1900 verzeichnete man eine Trockenheit in Nordchina. Der Staat, der im 19. Jahrhundert aufgrund von Korruption, Überbevölkerung und ausländischer Einmischung zerfiel, war nicht mehr in der Lage, diese soziale Not zu mildern (es gab den innerchinesischen Konflikt zwischen Reformern und Konservativen am Kaiserhof, der seinen Höhepunkt 1898 in der Niederschlagung der Hundert-Tage-Reform durch die konservative Fraktion um die Kaiserinwitwe Cíxǐ fand) - weswegen die sogenannten Boxer massenhaft Zulauf erhielten.
Die Boxer (Yìhétuán - Verband der Gerechtigkeit und Harmonie) waren ursprünglich eine zu Zeiten von Kaiser Qiánlóng (Regierungszeit:1735-1796) in Hénán als Yìhéquán gegründete Bewegung. Ihren Namen hatten sie einerseits von ihrer ursprünglichen Bezeichnung "Faust für Recht und Harmonie", andererseits von ihrer Praxis des Schattenboxens auf öffentlichen Plätzen. Gegen Ende des 19. Jahrhunderts waren die Boxer locker in mehreren Untergruppen organisiert. Ihr Anliegen war die Bewahrung der chinesischen Kultur vor dem europäischen Einfluss, der Schutz Chinas vor ausländischen Interessen, der hei-

mischen Wirtschaft vor der Industrialisierung - und auch die Bekämpfung des christlichen Glaubens. Die Kaiserwitwe Cíxĭ 慈禧(1835-1908) und ein Teil ihrer Regierung unterstützten die Boxer stillschweigend, einerseits aus Fremdenhass, andererseits, damit sich die Wut der "Boxer" nicht gegen die geschwächte Qing-Dynastie richtete. In manchen Provinzen wurden die Boxer auf Aufforderung der Regierung in Milizeinheiten organisiert, trugen Banner mit der Aufschrift "Unterstützt die Qing-Dynastie und vernichtet die Fremden."

International gesehen sorgte der sogenannte Boxeraufstand, bei dem annähernd 23.000 Chinesen christlichen Glaubens sowie zahlreiche Beschäftigte ausländischer Botschaften umkamen, für Aufsehen und Entrüstung. Die Ermordung des deutschen Gesandten Clemens Freiherr von Ketteler (1854-1900) am 20. Juni 1900 veranlasste die Kolonialmächte auf Initiative von Kaiser Wilhelm II. schließlich zu einem gemeinsamen Vorgehen gegen die Aufständischen.[25] Obwohl das Botschaftsviertel nach fast zweimonatiger Belagerung von einer eilig zusammengezogenen, 20.000 Mann starken internationalen "Not-Truppe" aus im pazifischen Raum stationierten Deutschen, Briten, Amerikanern, Russen, Japanern, Franzosen, Italienern, und Österreichern im August 1900 entsetzt werden konnte, wurde dennoch der zur Niederschlagung des Aufstands begonnene Aufmarsch größerer Kontingente alliierter Truppen fortgesetzt.

Weil die Hauptaufgabe, der Entsatz des Botschaftsviertels, bereits geleistet worden war und die weitere Bekämpfung der Aufständischen im Landesinneren nunmehr von chinesischen Verbänden übernommen wurde, führten die internationalen Truppen Strafexpeditionen durch. Zahlreiche "Boxer" wurden hingerichtet, Dörfer geplündert und niedergebrannt. Dieses Vorgehen fand erst mit dem Frieden von Peking vom 7. September 1901, dem sogenann-

---

[25] http://www.dhm.de/lemo/html/kaiserreich/aussenpolitik/boxeraufstand/index.html

ten Boxerprotokoll, ein Ende. Der Friedensvertrag verpflichtete China zu hohen Kriegsentschädigungen, sicherte den militärischen Zugang zu den Gesandtschaften und schrieb die Sühnereise eines Mitglieds des chinesischen Kaiserhauses nach Deutschland vor.

Bevor die „Chronologie im 20. Jahrhundert" begonnen wird, sollen von der großen Zahl christlicher Missionare nun einige näher erwähnt werden:

Große katholischer Missionare der Neuzeit:

1. Matteo Ricci (1552-1610) SJ

(利瑪竇, Lì Mǎdòu; ; * 6. Oktober 1552 in Macerata, Italien; † 11. Mai 1610 in Běijīng) war ein italienischer Priester, der dem Jesuitenorden angehörte und dessen missionarische Tätigkeit in China während der Ming-Dynastie den Beginn des modernen Christentums in China markierte. Er wird immer noch als der größte Missionar Chinas angesehen und gilt heute als Gründer der neuzeitlichen China-Mission und kam 1583 in China an. Er wurde Assistent von Michele Ruggieri (1543-1607). Seit 1588 als Leiter der Mission gelang es ihm, langandauernde Freundschaft mit hochrangigen Konfuzianern aufzubauen, denen seine Kenntnisse des Konfuzianismus zu verdanken sind. Mit ihrer Unterstützung und Hilfe übersetzte er 1591 Euklids *Elemente* und Kommentare von Christophorus Clavius (1538–1612), der Riccis Mathematiklehrer war, ins Chinesische. Dies war die erste ausführliche Darstellung abendländischer Mathematik in China. Dadurch gewann er bei Chinesen ein großes Ansehen als Mathematiker.

1594 verfasste Ricci sein missionarisches Hauptwerk *Tiānzhǔ Shíyì* (天主实义), *Die wahre Lehre vom Herrn des Himmels*, das nicht nur auf die Missionsgeschichte, sondern auch auf den frühen geistigen Austausch zwischen Abendland und Ost-Asien einen entscheidenden Einfluss hatte.

Im Jahr 1595 erschien sein erfolgreichstes Buch, *Jiāo yǒu lùn* (交友论) *Über die Freundschaft*, das basierend auf Ciceros *De amici-*

tia vom Ideal der Freundschaft und Ethik handelt. Dieses Buch gilt Historikern als eines der meistgelesenen westlichen Bücher der späten Ming-Zeit. Im Jahr 1596 erhielt Ricci als erster Europäer eine Aufenthaltsgenehmigung in der Hauptstadt Chinas und seit 1597 arbeitete er dort als Oberer der China-Mission.

1599 ging er, da Ausländer Běijīng nicht betreten durften, nach Nánjīng und widmete sich mathematischen, astronomischen und geographischen Aufgaben. 1601 wurde es ihm schließlich erlaubt, sich in Běijīng niederzulassen. Dort entwickelte er die Vorstellung, dass Marco Polos Cathay und China identisch seien. Dies wurde aber erst durch die Landreise des Jesuiten Benedikt Goës (1602–1607) bestätigt. Es gibt Stimmen, denen zufolge er mit seinen mathematischen, geographischen und astronomischen Fähigkeiten die chinesischen Wissenschaftler übertraf. Wegen seiner Fähigkeiten wurde auch Ming-Kaiser Wànlì 萬曆 (Regierungszeit: 1572–1620) auf ihn aufmerksam und zeigte sich von den westlichen Errungenschaften beeindruckt.

Sein Orden zählte in Běijīng bei seinem Tod im Jahre 1610 vier Missionsstationen mit etwa 2.500 Christen.

2. Johann Adam Schall von Bell (1592-1666) SJ

(湯若望 /*Tāng Ruòwàng*; * wahrscheinlich 1. Mai 1592 in Lüftelberg im nordrhein-westfälischen Rhein-Sieg-Kreis; † 15. August 1666 in Běijīng) war Jesuit, Wissenschaftler und Missionar. 1619 erreichte seine Reisegruppe China und die portugiesische Kolonie Macao.

1630 wurde Schall zusammen mit dem Mailänder Giacomo Rho, SJ, als Nachfolger des verstorbenen Johann Schreck, SJ, mit der Reform des chinesischen Kalenders beauftragt. Als Nachweis für die legitime Herrschaft des jeweiligen Herrschers hatte dieser Kalender sehr große politische Bedeutung.

In den Jahren 1627 bis 1630 war Schall in Singanfu (Xī'ān) als Seelsorger tätig und wirkte ab 1630 wieder in Běijīng. Als Hofastronom avancierte Schall bald zum Vorstand einer mathematischen Lehranstalt. 1640 übersetzte er das Buch der Metallkunde *De re metallica* von Georgius Agricola ins Chinesische und stellte das Werk am Kaiserhof vor. 1644 wurde er als erster Europäer zum Präsidenten des kaiserlichen astronomischen Instituts berufen. Dieses Amt blieb bis 1744 in den Händen der Jesuiten. Zwischen 1651 und 1661 war er zusätzlich noch einer der wichtigsten Berater des ersten Mandschu-Kaisers Shùnzhì 順治. Dieser beförderte ihn 1658 sogar zum Mandarin *1. Klasse*.

Als 1661 der Kaiser Shùnzhì plötzlich starb, wurde Schall beschuldigt, den Tod des Herrschers absichtlich provoziert zu haben: er habe absichtlich Ort und Zeit der Beerdigung eines Sohnes von Shùnzhì falsch berechnet. Schall wurde eingekerkert und in einem Schauprozess zum Tode verurteilt. Fast alle Jesuiten wurden anlässlich dieses Gerichtsverfahrens nach Kanton (Guǎngzhōu) ausgewiesen.

Vor Gericht durfte sich Schall von Ferdinand Verbiest, SJ, verteidigen lassen, da er selbst nach einem Schlaganfall dazu nicht mehr in der Lage war. Am 15. April 1665 wurde Schall zum Tode verurteilt. Doch als sich daraufhin einige schwere Naturkatastrophen ereigneten, wurden diese von den Richtern als *göttliche Antwort* und Beweis für Schalls Unschuld interpretiert.

Parallel dazu wurde Schall fast zeitgleich von Papst Alexander VII. der Unterstützung des Aberglaubens angeklagt. Auch seine politisch-wissenschaftlichen Ämter lösten nun erhebliche Kritik aus, da die Jesuiten eigentlich keine weltlichen Ämter bekleiden sollten. Da Schall bei einigen Mitbrüdern auf Grund seines eigenwilligen Wesens äußerst unbeliebt war, fanden sich hier auch genügend Zeugen.

Am 15. Mai 1665 wurde Schall auf Veranlassung des neuen Kaisers Kāngxī 康熙 aus der Haft entlassen und starb in der Jesuiten-Mission in Běijīng am 15. August 1666 im Alter von 74 Jahren. Sein Grabstein befindet sich heute auf dem Campusgelände des *Běijīng Administrative College* in Běijīng, direkt neben dem Grabstein des jesuitischen Mitbruders Matteo Ricci.

3. Wolfgang Andreas Koffler (1603-1651) SJ

Geboren in Krems/Niederösterreich, stammte er von protestantischen Eltern ab, konvertierte und trat in Wien 1627 in den Jesuitenorden ein. 1638 brach er in Graz sein eben begonnenes Theologiestudium ab, um in die Ostasienmission zu gehen. Auch er hatte mathematische und astronomische Kenntnisse, welche ihn für China prädestinierten. Ende Mai 1642 kam er in Macao an und lernte die chinesische Sprache und Lebensweise. Um 1645 gründete er die Gemeinde Kweilin. Er taufte viele am Hof des letzten (südl.) Ming-Kaisers Yǒnglì 永曆 (eigentlich Prinz von Gui), in Kuei-lin-fu/Guangxi und wurde dessen Berater,[26] aber bei dessen Flucht nach Birma in Kuangsi von den Mandschus 1651 ermordet.

4. Theophile Verbist (1823-1868) CICM[27],[28]

Belgischer Missionar und Ordensgründer des Unbefleckten Herzens Marias (Scheut-Missionare),* 1823 in Antwerpen, an Typhus am 23. Februar 1868 in der Inneren Mongolei gestorben. Er studierte Theologie und wurde zuerst Kaplan der Belgischen Militär-Akademie dann Diözesanpriester der Erzdiözese von Malines in Brüssel. Mit 37 Jahren entschloss er sich als Missionar nach China zu gehen um den ärmsten Kindern zu helfen. Nach vielen Hindernissen wurde seine Mission von Papst Pius IX (Amtszeit 1846-1878) approbiert. Unter vielen Leiden, besonders während des Boxeraufstandes, aber auch unter den Kommunisten wirken seine Mitbrüder auch heute noch in China (z.B. in Běijīng in der Südkirche- siehe S.121).

5. Vincent Lebbe (1877-1940) CM[29]

Der belgische Lazaristenpater und Ordensgründer Francois Vincent Lebbe CM (1877-1940) passte sich ganz den Sitten und der Kleidung der Manchus an und studierte auch deren Klassiker.

---

[26] http://en.wikipedia.org/wiki/Micha%C5%82_Boym
[27] http://www.catholic.org.sg/scheut-cicm/china/index.php
[28] http://www.scheutmissions.org, http://www.cicmmissions.org,
[29] http://www.vincentlebbe.net/ (französisch)

1911 schuf er die „Katholische Aktion", eine Gesellschaft zum ausbreiten des Glaubens, welche in dieser Form erstmalig in China ist. Er entdeckte auch, dass die Kirche ganz Chinesisch werden muss und direkt beim Heiligen Stuhl vertreten sein soll und nicht über das französische Protektorat.

Im Oktober 1902 gründete er die Zeitung „Das öffentliche Wohl – Yì shì bào 益世报", welche innerhalb eines Jahres eine Auflage von 20.000 Exemplaren erreicht und im Jahre 1949 sogar über 50.000. Er protestiert ab 1916 gegen die "ungleiche Behandlung" in der französischen Konzession Tiānjīn und kommt damit in Zwietracht mit seinem Bischof Mgr. Dumont. Zuerst wird er an den äußersten Bereich der Diözese und dann im März 1917 nach Südchina gesandt – mit neuem Bischof Mgr. Reynaud, neuer Sprache und Sitten. Als China im August 1917 sich den Alliierten im 1. Weltkrieg anschloss zeigt er sich unzufrieden. Er wird von 1920-1927 nach Frankreich zurückgeschickt. Dort nimmt er sich mit seiner großen Erfahrung und Liebe der chinesischen Studenten an, als diese in großer Zahl dort eintrafen (zu einer Zeit als übrigens Zhōu Ēnlái und Dèng Xiăopíng dort auch studierten).

6. Josef Freinadametz (1852-1908) SVD

österreichischer Steyler Missionar, *Oies im Gadertal (Südtirol) 15.4. 1852, infolge einer Typhuserkrankung bei Jining (Provinz Shandong) 28.1. 1908. Er entstammte einer Bauernfamilie; erhielt 1875 die Priesterweihe. 1878 trat er den Steyler Missionaren bei und ließ sich 1879 als Missionar nach China entsenden, wo er ab 1881 die christliche Mission in Südshandong mitbegründete und später leitete. Das Grab vom hl. Josef Freinadametz befindet sich in Daijiazhuang/Südshandong, dem ehemaligen Missionsgebiet der Steyler Missionare mit dem Bischofsitz Yanzhou.

Er passte sich der chinesischen Kultur vollkommen an (sein von der Bevölkerung ihm verliehener Ehren-Name war: Fù Shénfù 父神父 und bedeutet „Vater Priester"). 1975 selig, 2003 heiliggesprochen. *„Ich bin mehr Chinese als Tiroler. Und ich möchte nichts mehr als unter diesen Menschen sterben und bei ihnen begraben sein. Ich möchte auch im Himmel ein Chinese sein".*

Große evangelische Missionare:

1. **Robert Morrison (1782-1834)**

(* 5. Januar 1782 in Bullers Green, England; † 1834 in Macao) war ein schottischer Presbyterianer.[30]

Schon als Jugendlicher beschäftigte sich Robert Morrison viel mit der Bibel und lernte die Altsprachen Griechisch, Hebräisch und Lateinisch. Auch die Arbeit von William Carey in Indien beeindruckte ihn sehr. 1804 begann er eine missionarische Ausbildung in London gegen den Willen seiner Familie.

Er begann die chinesische Sprache zu lernen. 1807 reiste er über Macao nach Kanton aus. Sein großes Ziel war es, die Bibel ins Chinesische zu übersetzen. Er begann auch chinesische Kleidung und einen Haarzopf zu tragen. 1808 hatte er eine chinesische Grammatik fertiggestellt. 1809 heiratete er Mary Morton und bekam einen Posten bei der britischen Handelsniederlassung. 1810 veröffentlichte er unter einem Pseudonym eine kleine Auflage der

---

[30] http://de.wikipedia.org/wiki/Robert_Morrison

Apostelgeschichte in Chinesisch, denn auf dem Druck bzw. Herausgabe christlicher Literatur stand damals die Todesstrafe.

Bereits 1813 hatte er das *Neue Testament* vollständig übersetzt. 1814 konnte er den ersten bekehrten Chinesen taufen. 1819 hatte er auch die Übersetzung des *Alten Testaments* vollendet. Allerdings hatte er nicht alles selber übersetzt, sondern auch auf bereits vorhandene Teilübersetzungen zurückgegriffen. Sein Mitstreiter William Milne übersetzte Teile des *Alten Testamentes*. Trotzdem ist die Herausgabe der protestantischen, chinesischen Bibel sein Verdienst. Er konnte dann auch das chinesische Wörterbuch vollenden. 1821 starb seine Frau Mary, 1826 heiratete er erneut. 1834 kehrte er in seine „chinesische Heimat" zurück. Sein Epitaph liegt im Old Protestant Cemetery in Macao/China, gleich hinter der nach ihm benannten Morrison Chapel.

2. Karl Friedrich August Gützlaff (1803-1851)

(in angelsächsischer Literatur meist Gutzlaff; * 8. Juli 1803 in Pyritz bei Stettin in Pommern; † 9. August 1851 in Hongkong) war ein deutscher Missionar, der vor allem in Fernost wirkte. Er war pietistisch von den Franckeschen Schulen in Halle geprägt. 1816 kam er nach Stettin. Er interessierte sich für den Glauben, war aber noch nicht bekehrt. 1820 kam er mit König Friedrich Wilhelm III. in Kontakt, der für seine Unterstützung sorgte. Karl Gützlaff trat in die Missionsschule von Pastor Johannes Jänicke in Berlin ein, die von der herrnhutschen Frömmigkeit geprägt war. 1821 bekehrte er sich nach inneren Kämpfen zu Jesus Christus. Er war jetzt ein brennender Jünger Jesu, der von seinem Herrn und seinem Kreuz redete.

1834 trat er in britische Dienste, wurde Chinesischer Sekretär beim Britischen Gouverneur in Hongkong und war Dolmetscher bei den Vertragsverhandlungen des ersten Opiumkrieges gegen China (1840-42) auf britischer Seite.

Gützlaff begann gefahrvolle Reisen ins Innere Chinas zu machen. Er begann auch in chinesischer Kleidung zu arbeiten. Er gab sich einen chinesischen Namen; eine Straße in Hongkong wurde nach ihm benannt. 1844 gründete er eine Ausbildungsstätte für chinesische Missionare. Allerdings war Gützlaff sehr gutmütig und wurde von unehrlichen Menschen öfters betrogen. 1849 kehrte er zu einer längeren Fundraising-Tour nach Europa zurück, 1851 kurz nach seiner Rückkehr nach China starb er am 9. August 1851 in Hongkong.

Sein Epitaph (Hochgrab) liegt im *Happy Valley Cemetery* in Hongkong-Mitte. Mit Robert Morrison zusammen ist er wohl der Wegbereiter für Hudson Taylor gewesen, der ihn den 'Großvater der chinesischen Inlandsmission' nannte.[31] Durch seine vielfältigen publizistischen Tätigkeiten und für damalige Verhältnisse außergewöhnlichen Chinabeschreibungen wurde er in Europa weithin bekannt; auch Karl Marx zitierte ihn im Januar 1850 bei einer Betrachtung sozialer Verhältnisse Chinas.

3. James Hudson Taylor (1832-1905)

---

[31] http://de.wikipedia.org/wiki/Karl_G%C3%BCtzlaff#cite_note-0

(* 21. Mai 1832 in Barnsley, Yorkshire, England; † 3. Juni 1905 in *Chángshā* 长沙市, Kaiserreich China) war einer der ersten christlichen Missionare, die ins Innere Chinas vorgestoßen sind. Er wurde auch *Pionier im verbotenen Land* genannt. Er stammte aus einer gläubigen Apotheker-Familie. Sein geistlicher Hintergrund war der erweckte Methodismus.[32]

Er reiste 1853 mit einer englischen Mission, der Chinesischen Missionsgesellschaft, nach China aus. Es gab eine lebensgefährliche Fahrt mit dem Dampfer "Dumfries".

In China war Hudson Taylor enttäuscht von den Zuständen und der Arbeitsweise der Missionare. 1857 trennte er sich von der Chinesischen Evangelisationsgesellschaft.

Angeregt durch Dr. Parker und den schottischen Missionar William Chalmers Burns (* 1815; † 1868), den er 1855 kennen gelernt hat, begann er auch im Inland zu arbeiten. Zwischenzeitlich war er zu der Überzeugung gelangt, dass es richtig sei, in chinesischer Kleidung zu arbeiten. Er ließ sich auch die Haare scheren bzw. färben und trug einen chinesischen Zopf.

Er lernte hier auch seine Frau Maria Dyer, eine Waise, die in China lebte, kennen, die er nach vielem Widerstand am 20. Januar 1858 heiratete. Es war die Liebe seines Lebens. Mit ihr begann er die Mission Chinas. Er übernahm 1859 die Krankenstation von Dr. Parker und erlebte in den ersten Jahren viele innere persönliche Kämpfe. Im Jahre 1865 gründete er die China-Inland-Mission, die bis heute unter dem Namen *Überseeische Missions-Gemeinschaft (ÜMG)* fortbesteht. Er war es auch der Reparationszahlungen der Chinesen für die Schäden des Boxeraufstandes (siehe S.76) ablehnte, um die Sanftheit der Christen zu demonstrieren.

4. John Sung (1901-1944)

---

[32] http://de.wikipedia.org/wiki/Hudson_Taylor

(* 27. September 1901 in Hinghwa/Fukien, † 18. August 1944 in Hinghwa) war der Sohn eines Methodisten-Predigers und ist einzureihen in die Reihe der großen Glaubensmänner in China. Im Jahr 1920 ging er im Alter von 19 Jahren unter der Missbilligung seines Vaters nach Amerika und absolvierte ein Studium an der Wesley University in Ohio bzw. später an der Ohio State University und am Union Theological Seminary. Nach ca. fünf Jahren Studium schloss er mit dem Doktor der Philosophie (PhD) ab. Nach China zurückgekehrt begann er 1927 sehr erfolgreich mit der Evangelisation und erwirkte sogar Glaubensheilungen.[33]

5. Watchman Nee (1903-1972)

(倪柝聲 Ní Tuòshēng, eig. Ní Shu-zsou; * 4. November 1903 in Shantou; † 1. Juni 1972 in Anhui) war ein chinesischer, protestantischer Prediger, der wegen seines christlichen Glaubens 20 Jahre im Gefängnis saß und auch gefoltert wurde.[34] Nee wurde in christlichen Kreisen wegen seiner besonderen Art der Bibelauslegung bekannt. Viele seiner Bücher (in der Regel Mitschriften seiner Predigten) wurden ins Englische übersetzt und die wichtigsten auch ins Deutsche. Er selbst schrieb nur das Buch *Der geistliche Christ* (Shànghǎi 1927–1928) sowie Artikel für seine Zeitschrift *The Christian*.

In den Jahren 1940 bis 1960 wurde die christliche Kirche in China zunehmend verfolgt. Viele chinesische Christen sahen sich gezwungen, die offiziellen Kirchen zu verlassen und sich kleineren nichtoffiziellen Hauskirchen oder auch Hausgemeinden anzuschließen. Watchman Nee gründete zwischen 1923 und 1949 über 700 solcher Gemeinden mit mehr als 70.000 Mitgliedern. Er war der Ansicht, dass die verschiedenen Lehrmeinungen, durch die verschiedene Kirchengemeinschaften oder Verbände von christlichen Ortsgemeinden entstanden, gegen Gottes Willen seien. Alle Christen in einem Dorf oder einer Stadt bildeten zusam-

---

[33] http://de.wikipedia.org/wiki/John_Sung
[34] http://de.wikipedia.org/wiki/Watchman_Nee

men die eine Gemeinde der Stadt. Leitgedanke war für ihn die Einheit der frühen Christenheit nach biblischem Muster.

1952 wurde Watchman Nee verhaftet und wegen „imperialistischer Umtriebe, Spionage, konterrevolutionärer Tätigkeit gegen die Regierung, finanzieller Unregelmäßigkeiten und ausschweifenden Lebens" zu 15 Jahren Gefängnis verurteilt. 1972 kam er nach 20-jähriger Haft frei. Wenige Wochen später starb er im 69. Lebensjahr.[35]

Chronologie im 20. Jahrhundert

Mit dem Rückgang der politischen Aktivitäten der Westmächte in China seit dem Ersten Weltkrieg schwand nach und nach auch die unmittelbare Verbindung von Politik und Mission. Vom Beginn der Republik (1912) an bis zur Gründung der Volksrepublik China (1949) zeigte sich eine größere Offenheit Chinas für abendländisches Gedankengut, nicht zuletzt von der sozialen und erzieherischen Tätigkeit der Missionare vorbereitet.

Die wichtigsten Ereignisse von 1911-1949:

Ausrufung der Republik China am 10. Oktober **1911** durch Dr. Sun Yat-sen (1866—1925) und Ende der Qing-Dynastie (Chinesische Revolution). In der Verfassung wird Religionsfreiheit garantiert. Am 12. Februar **1912** erfolgt die Abdankung von Kaiser Pǔ Yí und die Gründung der Republik China unter Chiang Kai-shek 蔣介石 Jiǎng Jièshí (1887—1975) mit der Hauptstadt Nánjīng unter dem 1. Präsident Sun Yat-sen, mit der Gründung der nationalistischen Partei Kuomintang. Hier abgebildet der Innenraum der Kathedrale von Nánjīng, der Unbefleckten Jungfrau geweiht:

---

[35] Kostenloses Download seiner Biografie: http://www.clv-server.de/pdf/255368.pdf

Die Zahl der Katholiken in China betrug damals 1.292.000, mit 521 chinesischen Priestern.

Im Jahr **1913** sprechen sich Katholiken, Protestanten, Buddhisten, Muslime und Daoisten gegen den Konfuzianismus als Staatsreligion aus. Gründung der *Katholischen Aktion* in Shànghǎi mit Joseph Lo Pahong als Präsidenten.

Bereits **1918** entsandte die Missionsgesellschaft *Maryknoll*, die aus Priestern, Laienbrüdern und Schwestern besteht, ihre ersten Missionare nach China. Der Maryknoll-Missionsorden (Lat.: *Societas de Maryknoll pro missionibus exteris*, Engl.: *Catholic Foreign Mission Society of America*, Ordenskürzel: MM) ist eine Gesellschaft des apostolischen Lebens in der römisch-katholischen Kirche. Sie wurde nach ihrem Mutterhaus Mary knoll („Marienhügel" in Ossining/New York) genannt und 1911 gegründet.

Am 30. November **1919** veröffentlicht Benedikt XV. die Missionsenzyklika "Maximum Illud" zur Entwicklung des lokalen Klerus und einer einheimischen Hierarchie, wozu die Lazaristenmissionare Vincent Lebbe (siehe oben) und Antoine Cotta (1872-1957) wesentlich beigetragen haben.

Am 12. August **1922** liess der "Missionspapst" Pius XI. die Apostolische Delegatur in Běijīng errichten; erster Delegat ist Bischof Celso Costantini (1876/1958), er wird später Kurienkardinal.

Das erste chinesische Nationalkonzil fand **1924** am 15. Mai in Xújiāhuì statt. Es erfolgt die Neuaufteilung der Missionsgebiete mit der schrittweisen Übertragung der Leitung der Diözesen an den chinesischen Klerus.

Chiang Kai-shek 蒋介石 (1887-1975) übernimmt die politische Macht am 20. März **1926** in der Stadt Kanton und bricht mit den Kommunisten. Auf Bitten seiner Frau und nach „sorgfältiger Prüfung des Fragenkomplexes" war Chiang Methodist geworden. Später hat er selbst eine chinesische Bibelübersetzung revidiert und ein Vorwort zu einer Psalmenübertragung geschrieben.[36] Im gleichen Jahr werden in Rom am 28. Oktober sechs Chinesen zu Bischöfen geweiht.

Im April **1927** beginnt der Bürgerkrieg zwischen den Kommunisten in Shànghǎi (später durch Máo Zédōng 毛泽东 (1893-1976)) geführt und dem Kuomintang, geführt durch Chiang Kai-Shek, welcher dann 1949, infolge von Niederlagen, nach Taiwan (Formosa) ausweichen muss.

19. März **1937**: Die Enzyklika Pius' XI "Divini Redemtoris" über den atheistischen Kommunismus unterstreicht die Kernaussage, dass *„der Kommunismus in seinem innersten Kern schlecht ist, und es darf sich auf keinem Gebiet mit ihm auf Zusammenarbeit eingelassen werden."* Die Zahl der Katholiken beträgt damals etwa 3.100.000.

---

[36] http://de.wikipedia.org/wiki/Chiang_Kai-shek

In Yan'an/Shaanxi, dem Zentrum der Kommunistischen Partei und Armee während des Bürgerkriegs 1937-1947, wird von den Kommunisten unter Máo die alte Kirche als Versammlungsort genutzt (und gilt heute als historisches Monument.[37] 2007 wird den ca. 700 Katholiken der Stadt die Erlaubnis erteilt anderswo eine neue Kirche zu errichten).

Im Jahre **1939** hebt Pius XII. das chinesische Ritenverbot auf. Er förderte die Herausbildung einer einheimischen Kirchenhierarchie in Staaten der „Dritten Welt", um deren Eigenständigkeit und Unabhängigkeit zu betonen (so auch später die Republik China, aber auch Südafrika, Birma, etc.).

1943 erfolgt die Einrichtung einer chinesischen Botschaft am Vatikan - Xie Shoukang wird der erste Botschafter Chinas.

Die Errichtung der ordentlichen Hierarchie der Kirche Chinas, mit 20 Kirchenprovinzen und 79 Bistümern und 20 Vikariaten erfolgt **1946** in Rom, deren derzeitige Struktur unten wiedergegeben wird (im Jahr 2010 mit 145 Diözesen):[38]

---

[37] Vgl. Richard Spencer, Chinese Christians Emerge from the Shadows, The Telegraph Oct. 8, 2007.
[38] http://www.china-zentrum.de/Struktur-der-Kirche.36.0.html

Strukturen der Katholischen Kirche Chinas

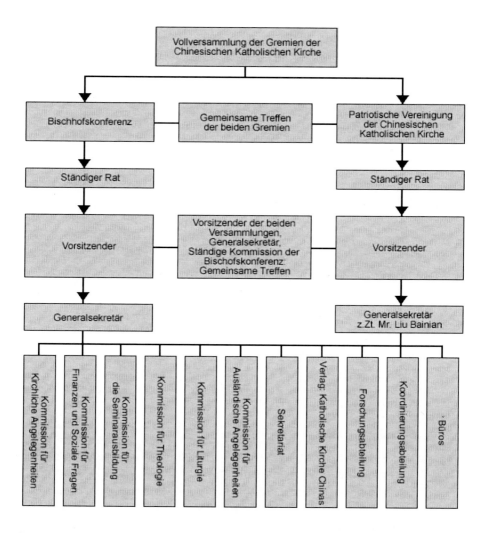

Am 18. Februar wird Thomas Tien SVD erster chinesischer Kardinal und am 6. Juli wird Erzbischof Antonio Riberi der erste Internuntius in Běijīng. John C. H. Wu (Wu Jingxioung) wird Chinas Minister am Vatikan mit allen Vollmachten.

Beginn dramatischer Zeiten 1949-1965:

1. Oktober **1949**: "Befreiung" Chinas durch die Kommunisten. Máo Zédōng ruft die Volksrepublik China als atheistischen Staat aus, mit der daraus folgenden Verfolgung aller Religionen, insbesondere des Christentums, worauf die Zahl der Katholiken zu sinken beginnt. Eine Gruppe Katholiken in Sìchuān plädiert für eine Bewegung der "Selbstunterhaltung und Reform in der Kirche", die sofort vom vatikanischen Internuntius, Erzbischof Riberi, verurteilt wird.

Am 15. Juli **1950** wird Ignatius Gong Pinmei der erste chinesische Bischof von Shànghǎi (am 7. Oktober 1949 schon geweiht). 30. November: Verkündigung der "Drei-Selbst-Bewegung" durch Máo, was *Selbst-Erhaltung* (finanzielle Unabhängigkeit), *Selbst-Verbreitung* (d.h. ohne die Hilfe ausländischer Missionare) und *Selbst-Verwaltung* (unabhängig von Papst und Vatikan) bedeuten soll. Ihre Aufgabe wird es statutengemäß, "*unter der Leitung der KPCh und der Volksregierung die Christen in ganz China zu einer Haltung der Liebe für ihr Land, in Achtung der nationalen Gesetze und Verordnungen, im Festhalten an den Prinzipien der finanziellen Selbsterhaltung, der Selbstverwaltung und der eigenverantworteten Verkündigung zu führen.*" Nur auf dieser Grundlage vollständiger Unabhängigkeit vom Ausland sollte Kirche überhaupt noch möglich sein, worauf es zu einer Isolierung der Kirche Chinas kommt.

Ab 1950 erfolgt die Ausweisung (oft nach längeren Haftstrafen und Schauprozessen) aller ausländischer Missionare und Schwestern, denn sie seien "Imperialisten". Die noch kleine Zahl der chinesischen Priester, Brüder und Schwestern wird ab 1955 "umerzogen", in Gefängnisse gesteckt oder in Arbeitslager geschickt, wobei viele dabei umkamen.

Am 17. Januar **1951** treffen Katholische Vertreter den Premierminister Zhōu Ēnlái (1898-1976).
Die chinesische Regierung übernimmt die Fu Jen Universität in Běijīng (bisher durch Steyler Missionare geführt) und die kommu-

nistische Partei schließt die Aurora Universität der Jesuiten in Shànghǎi.
Am 2. Juni wird die Enzyklika Pius' XII. "Evangelii Praecones" zur Indigenisierung (heimisch werden) der Kirche veröffentlicht. Der Internuntius Erzbischof Antonio Riberi wird am 4. September des Landes verwiesen und die Verhaftung, Verfolgung und Belästigung von Priestern, Schwestern und katholischen Laien durch die Kommunisten beginnt in verschärfter Form. Alle katholischen Institutionen werden nationalisiert. Pius XII. ernennt weitere 12 chinesische Bischöfe. 220 chinesische Priester und 94 ausländische Missionare werden inhaftiert.

Um den chinesischen Katholiken in ihrer Bedrängnis Mut zu machen erfolgt am 18. Januar **1952** ein Apostolischer Brief Pius' XII "Cupimus Imprimis". Diesem schließt sich die Enzyklika von Papst Pius XII „Ad sinarum gentem" an, mit der er am 7. Oktober **1954** „zur Situation der Kirche in China" Stellung bezog. Der Papst richtete sich darin an das chinesische Episkopat und das chinesische Volk und warnte ausdrücklich vor einer chinesischen Staatskirche. Dies ist also ein weiterer Ermutigungsbrief an die chinesischen Katholiken für ihren Widerstand gegen die Drei-Selbst-Bewegung.

Auch im Jahr **1955** und **1956** erfolgen zahlreiche Verhaftungen, so z.B. am 7. September: Bischof Gong Pinmei von Shànghǎi, 21 Priester und über 200 Katholiken werden verhaftet.
25. September: Verhaftung der Bischöfe von Bǎodìng, Hankou und Taizhou.
Am 26. September erfolgt eine weitere Verhaftungswelle von Katholiken in Shànghǎi. Doch wird später wieder eine Reihe von Katholiken frei gelassen.

Vom 17. Juni bis 2. August **1957** erfolgt die Bildung der Patriotischen Vereinigung der Chinesischen Katholischen Kirche (PVChKK - 241 Delegierte aus 104 Diözesen und Präfekturen zusammen mit Beamten des Religionsbüros u.a.). Sie verursacht eine Spaltung innerhalb der katholischen Kirche Chinas in zwei Gruppen: die sogenannte Rom-treue Untergrundkirche und die offiziell vom Staat anerkannte Kirche. Von den 145 Diözesen und apostolischen Präfekturen sind nur mehr 25 besetzt.

Die Shànghǎier katholische Zeitschrift "Xinge" ruft **1958** zur Eigenwahl von Bischöfen auf, zwei Bischöfe werden widerrechtlich gewählt und man stellt sich damit gegen den Papst (Schisma, d.h. Spaltung gemäß CIC, can. 751). Eine innere Spaltung war damit kaum mehr zu vermeiden, die Spaltung in das Lager derer, die dem Papst die Treue halten wollten, um katholisch zu bleiben, und das Lager derer, die aus pastoraler Sorge für die Gläubigen sich auf Kompromisse mit den staatlichen Anordnungen einlassen zu können glaubten. Bei den Katholiken war damit die Scheidung in „offizielle Kirche" und „Untergrundkirche" nicht mehr zu vermeiden. Die Patriotische Vereinigung verlangt vom Vatikan die Anerkennung der in China ernannten Bischöfe, der Antrag wird jedoch abgelehnt.
13. April: Bischof Li Daonan weiht in der Kathedrale von Hankou/Hubei die ersten beiden "patriotischen" Bischöfe, Benedikt Dong Guangqing (Hankou) und Mark Yuan Wenhua (Wuchang). Es folgen andere, von der Patriotischen Vereinigung getragene Ernennungen aber ohne Anerkennung Roms. Die Weihen sind zwar unerlaubt aber nicht ungültig.
29. Juni: Pius XII. verurteilt in der Enzyklika "Apostolorum Principis" (Zum Kommunismus und der Kirche in China) die Patriotische Vereinigung der Chinesischen Katholischen Kirche und betont seinen Alleinanspruch auf die Ernennung katholischer Bischöfe.

Máos "großer Sprung nach vorne" führt zu einer riesigen Hungersnot in ganz China. Trotz strenger Rationierung sollen 20.000.000 Menschen verhungert sein.

Im Januar **1959** kündigt Papst Johannes XXIII das Zweite Vatikanische Konzil an.

17. März **1960**: Bischof Gong Pinmei (Shànghǎi) wird zu lebenslänglicher Haft verurteilt. Es kommt zur Schließung aller katholischen Priesterseminare.
18. März: Der letzte ausländische Missionar Chinas, Bischof Ja-

mes E. Walsh, MM, der im Oktober 1958 verhaftet worden war, wird zu 20 Jahren Gefängnis verurteilt. Er wird am 10. Juli 1970 entlassen.

2. Januar **1962**: Zweite Versammlung der PVChKK in Běijīng. Bis dahin sind schon 52 Bischöfe ohne die Zustimmung des Vatikans geweiht, vom Papst ernannte leben nur noch 20. Eröffnung des II. Vatikanischen Konzils am 8. September 1962.

Am 3. Juni **1963** starb Papst Johannes XXIII und am 21. Juni erfolgte die Wahl Papst Pauls VI.

Das "Kleine Rote Buch" von Máo Zédōng, die "Bibel" der chinesischen Kommunisten „erobert" ganz China. Am 6. August **1964** verurteilt die Antrittsenzyklika von Papst Paul VI. "Ecclesiam Suam" den Kommunismus und gesteht ein, dass der Dialog fast unmöglich ist, der Papst versucht aber, die Atheisten zu verstehen. Zum Jahresende sendet Paul VI ein Neujahrstelegramm an Máo.

Kulturrevolution1966 - 1976:

1966 beginnt die *Große Proletarische Kulturrevolution* 无产阶级文化大革命, *wúchǎnjiējí wénhuà dàgémìng* oder kurz 文革 *wéngé*, welche zehn Jahre dauert und deren Ziel eine total neue Gesellschaft ist – sie wurde von Máo ausgelöst und zunächst wurde die Kulturrevolution als eine Bewegung zur Beseitigung von Missständen in Staat und Gesellschaft von großen Teilen der Bevölkerung und der Mehrheit der führenden Politiker begrüßt. Máo setzte jedoch statt der von Politikern wie Liú Shàoqí (1898-1969, Vorsitzender der KPCh) gewünschten Erneuerung innerhalb der KPCh eine Massenbewegung zur Zerstörung der alten KPCh in Gang.[39] Dafür muss alles, was an die Vergangenheit bindet, zerschlagen werden: Kultur, Wissenschaft, Religion, familiäre Bande usw. Die Roten Brigaden ziehen verwüstend durchs Land. Die meisten Kirchen werden geschlossen, zerstört oder anderen Zwecken zugeführt. Priester, Ordensleute und Bischöfe (einschließlich der

---

[39] http://de.wikipedia.org/wiki/Kulturrevolution

von der PVChKK gewählten) wandern in Gefängnisse oder Arbeitslager und werden Umerziehungskursen unterworfen.

6. Januar **1967**: Der Papst betet für das Volk in China und macht einen Appell für Freiheit und Frieden.

Seit **1968** gibt es eine katholische, chinesische Bibel, welche von dem Italiener Giovanni Stefano Allegra OFM (1907-1976) erarbeitet wurde.

Das Wort „Bibel" wird dabei mit 圣经 (shèngjīng - heiliges jing) übersetzt, wobei "jīng" Norm, Prinzipien oder feststehende Kriterien, aber auch Leitfaden bedeutet. Damit ist ein Zusammenhang mit Konfuzius hergestellt, denn seine fünf Bücher, die für die chinesische Kultur sehr bedeutend sind, werden ebenfalls die 五经 „Fünf (wǔ) jīng, bzw. fünf Klassiker" genannt, nämlich „ Buch der Lieder - shíjīng" (诗经), „Buch der Urkunden/Geschichte" (书经), „Buch der Wandlungen" (易经), „Buch der Riten" (礼记), und „die

Frühlings- und Herbstanalen" (春秋). Dem „Buch der Lieder" stehen viele Psalmen und Texte der Klagelieder nahe.[40]

Die „Gespräche" von Konfuzius sind Lehrgespräche. Der Originaltitel lautet Lùn yǔ 论语 und die Entstehungszeit ist das 5. Jahrhundert v. Chr., die erste Originalausgabe stammt aus dem Jahr 944.[41] Grundthema der vermutlich nicht authentischen Gespräche ist die zentrale Forderung der konfuzianischen Lehre. Sie lautet: „Menschlichkeit des Zusammenlebens" aufgrund bedachtsamer Gestaltung der „fünf Beziehungen". Gemeint ist das Verhältnis zwischen Vater und Sohn, Mann und Ehefrau, älterem und jüngerem Bruder, Herrscher und Untertan, Freund und Feind. Die Schüler bitten den Meister um Erläuterungen dazu und er antwortet vorwiegend in knappen Sentenzen, mit Beispielen aus der Landesgeschichte und aus dem Alltagsgeschehen. Dabei lässt er durchaus Widersprüche gelten, denn auch die erlebte Wirklichkeit sei vieldeutig und widerspruchsvoll.
Über weite Strecken lesen sich die Ausführungen des Weisen wie ein Ratgeber für ebenso vernünftiges wie mitfühlendes Denken und Handeln. Die religiösen Riten und den Ahnenkult (Volksreligion) zu befolgen ist für ihn eine Selbstverständlichkeit, doch Gebete hält er für nutzlos, weil der Wille der Götter nicht beeinflussbar und ihre Weisheit nicht durch unsere zu übertreffen sei.

Der andere legendäre, große Weise Laotse/Lǎozǐ 老子 schuf im 4. Jahrhundert v. Chr. das Daodejing (in älteren Umschriften: Tao te king, Tao te ching …) und damit den Daoismus (chin. 道教, dàojiào „Lehre des Weges"), eine chinesische Philosophie und Religion und wird als Chinas eigene, authentisch chinesische Religion angesehen, die das Land – zusammen mit dem Buddhismus und Konfuzianismus - maßgeblich in den Bereichen der Politik, Wirtschaft, Philosophie, Literatur, Kunst, Musik, Ernährungskunde, Medizin, Chemie, Kampfkunst und Geographie prägte. Der Da-

---

[40] Ko Hafong, 2008, „Die Bibel mit chinesischen Augen lesen" – China heute, Nr.1-2,S.45-50
[41] Gespräche des Konfuzius (c) wissenmedia GmbH, 2010

oismus[42] besagt, dass es im Kosmos nichts gibt, was fest ist: Alles ist dem Wandel (chin. 易, yì) unterworfen und der Weise verwirklicht das Dao durch Anpassung an das Wandeln, Werden und Wachsen, welches die phänomenale Welt ausmacht.[43] Entscheidend ist es damit in Harmonie zu stehen, insbesondere die harmonischen Beziehungen zwischen Himmel, Erde und Mensch werden umfassend thematisiert. Eine besondere Rolle bei der Wahrung der Harmonie kam dabei stets dem Kaiser als „Himmelssohn" zu, in dessen Pekinger Palast einige Gebäude sogar die „Harmonie" im Namen tragen. Analog dazu wird aber auch Harmonie in den menschlichen Beziehungen angestrebt. Konflikte werden daher grundsätzlich als Störung empfunden und man versucht sie nach Kräften zu vermeiden.

Juli 1970: In der Kathedrale von Běijīng (Nántáng) wird wieder die erste Messe für Ausländer gefeiert. Papst Paul VI. besucht am 4. Dezember Hongkong und ruft China zum Dialog auf.

1972 darf Alden J. Stevenson, SJ (USA) als erster katholischer Priester nach 1949 die Volksrepublik China besuchen und die Nuntiatur in Taiwan wird zum Sekretariat unter Leitung eines Geschäftsträgers zurückgestuft.

Bei der Konferenz von Leuven/Belgien **1974** versuchen Protestanten und Katholiken aus verschiedenen Ländern das Experiment China zu studieren und eine Verbindung mit China herzustellen. Dabei ist zu beachten: Das Harmonieprinzip wie auch die Lehre vom Gesicht (nicht nur das physische Antlitz verstanden, sondern auch die Meinungen, die andere über eine bestimmte Person haben), erzwingen in der Kommunikation häufig ein erhebliches Maß an Indirektheit. So war es die „Anti-Konfuzius-Kampagne" dieses Jahres, die sich mitnichten gegen den antiken Philosophen wand-

---

[42] „Schneller, höher, stärker". China und die Olympiade 2008. Evangelisches Missionswerk in Deutschland (EMW) – China InfoStelle (CIS) (Hrsg.), S.31f
[43] http://de.wikipedia.org/wiki/Daoismus

te, sondern vielmehr gegen seinen prominenten zeitgenössischen Verehrer, den Politiker Zhōu Ēnlái.[44]

Die Kongregation der Glaubensverbreitung richtet im Mai **1975** am Institut für Missionsforschung an der Päpstlichen Urbaniana-Universität ein Zentrum ein.

Im Jahr **1976** sterben am 8. Januar Zhōu Ēnlái im Alter von 77 Jahren und am 9. September Máo Zédōng mit 83 Jahren.

Als am 6. Oktober, wichtige Anhänger (Vierergruppe, etc.) durch das Militär verhaftet wurden, bedeutet dies das Ende der Kulturrevolution. Dazu schrieb die, zu Zwangsarbeit verpflichtete, Dichterin Shū Tíng 舒婷 (ist das Pseudonym von Gǒng Pèiyú 龚佩瑜, geboren 1952 in Jǐnjiāng 锦江/Fújiàn) kurz nach dem Ende der Kulturrevolution: „… nichts blieb in mir zurück, als ein Ruinenfeld."

Lichtblicke am Horizont 1977-1999:

Auf dem 3.Plenum des 10.Zentralkomitees der KPCh in Jahr **1977** wurden Wang Hongwen, Zhang Chunqiao, Jiang Qing (Maos letzte Ehefrau und treibende Kraft der Kulturrevolution) und Yao Wenyuan aus der Partei ausgeschlossen, während Dèng Xiǎopíng, der Favorit der Putschisten des Oktobers 1976, in alle Positionen wieder eingesetzt wurde.

Erst seit Beginn der Öffnungspolitik Ende der 1970er Jahre gibt es wieder, allerdings staatlich eingeschränkt und kontrolliert, nach außen sichtbares religiöses Leben. Kirchen durften wieder geöffnet werden und Kirchliches Eigentum wurde nach und nach zurückgegeben. **Anmerkung**: Die folgenden, religionsrelevanten,

---

[44] http://de.wikipedia.org/wiki/Chinesische_Kultur#Harmonie

Daten wurden vom „China-Zentrum e.V."[45] übernommen und teilweise erweitert.[46]

Am 9. Februar **1978** akzeptiert Paul VI die Kredentialen (diplomatische Berechtigung) des neuen taiwanesischen Botschafters am Vatikan.

Mehr als 800 Vertreter der Katholiken, Protestanten, Buddhisten uns Muslimen treffen sich am 9. Januar **1979** mit Kadern der entsprechenden Abteilungen in Shànghǎi und verurteilen die Kulturrevolution.

Am 21. März 1979 besucht eine erste christliche Delegation aus Hongkong China und nimmt Kontakte zu Christen auf. Im Laufe des Jahres werden in Běijīng, Shànghǎi, Taiyuan, Wuhan und Tiānjīn, Guǎngzhōu katholische Kirchen wieder eröffnet. Die während der Kulturrevolution ruhende Patriotische Vereinigung (PVChKK) und die Konstitution der Religionsfreiheit werden wieder aktiviert.

Der Besuch von Papst Johannes Paul II in Polen (vom 2. Juni bis 10. Juni 1979) wird in der chinesischen Presse ausführlich geschildert. Von Oktober-November besucht Bischof Moser (der Diözese Rottenburg) China; es ist der erste Besuch eines hohen Würdenträgers der katholischen Kirche in China.

Nach 30 Jahren trifft sich der Katholische Missionsrat der USA zum Thema China am 6. - 7. Dezember in Maryknoll, New York. Ziel ist dabei ein Gedanken- und Planungsaustausch und ein besseres Verständnis der chinesischen Realitäten.

Michael Fu Tieshan wird nach der Kulturrevolution als erster Bischof für die offene Kirche von Běijīng geweiht (21. Dezember). Viele Priester werden aus den Gefängnissen oder Arbeitslagern entlassen.

Im Januar **1980** beginnt Radio Vatikan, die Messe in chinesischer Sprache auszustrahlen.

---

[45] Arnold-Janssen-Straße 22, D- 53757 Sankt Augustin

[46] http://www.china-zentrum.de/1980-1984.88.0.html?&L=1%27%20and%20char%28124%29%2Buser%2Bchar%28124%29%3D0%20and%20%27%27%3D%27 usw.

März: Die Kardinäle Etchegaray und König besuchen China.
22. - 23 Mai: Dritte Nationalkonferenz der Vereinigung der Chinesischen Katholischen Kirche. Dabei wird Bischof Zong Huaide, der Provinz Jinan, zum Präsidenten gewählt. Im folgenden Bild ist die Hl. Geist Kathedrale (gebaut 1901) in Jinan dargestellt:

2. Juni: Einrichtung der sogenannten Chinesischen Bischofskonferenz und der Verwaltungskommission der Katholischen Kirche

Chinas (Zhōng guó tiān).
9. Juni: Bischof Dominic Tang von Guǎngzhōu wird nach 22 Jahren Haft entlassen; am 5. November kommt er in Hongkong an, doch Bischof Gong Pinmei von Shànghǎi bleibt in Haft.
15. August: die katholische Kathedrale in der bedeutenden Hafenstadt Tiānjīn wird wiedereröffnet.
Im September dieses Jahres kommt es zur Einführung der Ein-Kind-Familienpolitik, um die Bevölkerungsexplosion einzugrenzen. Sie wird in den Städten und auf dem Land mehr oder weniger streng durchgeführt. Ausnahmen gibt es für die ethnischen Minderheiten. Manchmal wird auch ein zweites Kind erlaubt, wenn das erste ein Mädchen ist.
Im Dezember 1980 werden 12 katholische Kirchen wiedereröffnet. 33 Bischöfe sind im Amt. Im selben Jahr ist in Ergänzung der Drei-Selbst-Bewegung, der Chinesische Christenrat - zur Wahrnehmung innerkirchlicher Leitungs-Aufgaben - gegründet worden.

Botschaft Johannes Pauls II: er richtet am 18. Februar **1981** von Manila aus eine Botschaft an das chinesische Volk, wobei er den Dialog fordert und sagt, dass es möglich ist, wirklich Christ zu sein und gleichzeitig authentischer Chinese. Kardinal Cassaroli kommt nach Hongkong und spricht mit Bischof Dominic Tang (Guǎngzhōu/Kanton), der dort in ärztlicher Behandlung ist.
Johannes Paul II ernennt am 6. Juni Msgr. Dominic Tang zum Erzbischof von Kanton, worauf eine stark negative Reaktion der Patriotischen Vereinigung sowie der chinesischen Regierung erfolgt. Das Büro für Religiöse Angelegenheiten entfernt jedoch am 22. Juni Bischof Dominic Tang als Bischof von Guǎngzhōu.
Die Patriotische Vereinigung beschuldigt den Vatikan, eine Untergrundkirche zu gründen.
Weitere 14 Bischöfe werden für die Offene Kirche geweiht.
2. - 9. Oktober: Abhaltung einer internationalen Konferenz über China in Montreal, wobei eine ökumenische Delegation aus China - darunter 3 Katholiken - teilnimmt.
Im November 1981 stehen 43 Kirchen für den Gottesdienst zur Verfügung.

Seit **1982** wird in den meisten katholischen Kirchen während des Gottesdienstes wieder für den Papst gebetet; er wird als geistiger Führer aller Katholiken anerkannt.
Am 31. März erfolgt die Veröffentlichung des Dokumentes Nr.19. Es verlangt die Registrierung von Religionsstätten und aller religiösen Aktivitäten. 27. April: Die neue Chinesische Konstitution, die bis heute gilt, bestätigt die Religionsfreiheit.[47] Unter Artikel 36: „Freiheit des religiösen Glaubens", wurde die Religionsfreiheit in die Verfassung aufgenommen. Es heißt dort, es stehe dem Bürger frei zu glauben oder nicht zu glauben:

„Die Bürger der Volksrepublik China genießen die Glaubensfreiheit.

Kein Staatsorgan, keine gesellschaftliche Organisation und keine Einzelperson darf Bürger dazu zwingen, sich zu einer Religion zu bekennen oder nicht zu bekennen, noch dürfen sie jene Bürger benachteiligen, die sich zu einer Religion bekennen oder nicht bekennen.

Der Staat schützt normale religiöse Tätigkeiten. Niemand darf eine Religion dazu benutzen, Aktivitäten durchzuführen, die die öffentliche Ordnung stören, die körperliche Gesundheit von Bürgern schädigen oder das Erziehungssystem des Staates beeinträchtigen. Die religiösen Organisationen und Angelegenheiten dürfen von keiner ausländischen Kraft beherrscht werden."[48]

Unter den fünf vom Staat offiziell als Religionen anerkannten Glaubensgemeinschaften befinden sich neben dem Buddhismus, dem Daoismus, und dem Islam auch der Katholizismus und der Protestantismus, nicht aber z.B. die russisch-orthodoxe Kirche. Das Christentum wird also im heutigen China religionspolitisch nicht als eine Religion verstanden, sondern in seiner zweifachen

---

[47] http://www.missio-aachen.de/Images/MR27%20China%20-%20deutsch_tcm14-47493.pdf
[48] http://www.verfassungen.net/rc/verf82-i.htm

Erscheinungsform, der katholischen und der protestantischen, als jeweils eigene Religion eingeordnet.

Der Staat beschränkt den Aktionsradius der Religionsgemeinschaften weitgehend auf den innerkirchlichen Raum und fordert von ihnen ideologische Unterordnung, insbesondere eine „Anpassung an den Sozialismus" und „Patriotismus". Er behält sich eine strenge Kontrolle über die Verwaltung und die Aktivitäten der einzelnen Religionen vor. Alle Kultstätten und alles „religiöse Personal" müssen amtlich registriert sein.

Artikel 126 ist für alle Staatsbürger wichtig: Die Volksgerichte sollen ihre Gerichtsbarkeit gemäß den gesetzlichen Bestimmungen unabhängig ausüben, frei von Einmischung durch Verwaltungsorgane, gesellschaftliche Organisationen oder Individuen! Allerdings sind die Richter keineswegs unabhängig...[49]
10. Oktober: als erstes wird das Shéshān-Priesterseminar in Shànghǎi unter der Leitung von Aloysius Jin Luxian SJ wieder offiziell eröffnet. 1985 wird dieser offizieller Bischof von Shànghǎi. 400-Jahrfeier der Ankunft von Matteo Ricci in China. Gleichzeitig werden katholische Priester in Shànghǎi verhaftet.

Am 1. Januar **1983** wird folgende Statistik veröffentlicht: 48 aktive Bischöfe in der Offenen Kirche, 300 geöffnete Kirchen, 1.300 aktive Priester.
Gemeinsame Versammlung der Patriotischen Vereinigung und der Katholischen Verwaltungskommission zum 25-jährigen Gedenken der Weihe unabhängiger Bischöfe, wobei hohe öffentliche Beamte daran teilnehmen.
10. Juni: P. Francis Zhu Shude, SJ (Shànghǎi) wird zu 12 Jahren Haft verurteilt, gefolgt von 3 Jahren Aberkennung aller zivilen Rechte. Die Begründung ist nicht klar. Er hatte schon 30 Jahre in Arbeitslagern verbracht. Er stirbt im Januar 1984 in der Provinz Anhui.
Die chinesischen Schwestern von der Unbefleckten Empfängnis werden im September als erste von der Synode von Guǎngzhōu

---

[49] http://www.verfassungen.net/rc/verf82-i.htm

als Orden wieder eingerichtet.
Das katholische Nationalseminar in Běijīng wird am 4. Oktober wieder eröffnet. Andere Seminare folgen.
16. Dezember: Bischof Fan Xueyan (80) von Bǎodìng 保定市 (200km südlich von Beijing in der Provinz Hebei) wird wegen kontrarevolutionärer Aktivitäten zu 10 Jahren Haft verurteilt; ebenso der Generalvikar Huo Binzhang (über 70). Es folgt die Peter und Paul-Kirche in Bǎodìng:

Januar **1984**: Der Verlag der katholischen Kirche in Shànghǎi (in der Gemeinde Guangqi) nimmt seine Tätigkeit wieder auf.
27. Januar: Das Hl.-Geist-Priesterseminar in Jinan beginnt mit dem Unterricht.
28. Februar: Der Papst sagt der Bischofsdelegation von Taiwan, das sie "die Aufgabe haben, eine Brückenkirche zu ihren Mitbürgern auf dem Festland zu sein".
6. Mai: Das Seminar in Sìchuān wird wiedereröffnet.

4. Juni: Der Vatikan bittet, dass alle 29 früheren ausländischen Bischöfe von China resignieren. Das wird als ein Zeichen verstanden, dass der Vatikan mit den chinesischen Autoritäten ins Gespräch kommen will.

28. September: Xī'ān/Shaanxi beginnt mit dem Bau eines regionalen Priesterseminars für die Provinzen Shaanxi, Gansu, Ningxia, Xinjiang und Qinghai. Siehe die 1884 gegründete St. Franziskus-Kirche in Xī'ān:

Vom 24. - 29. September besuchen fünf asiatische Bischöfe China und treffen sich mit Führern der Offenen Kirche und anderer Religionen.

6. Oktober: Über 120 Führer der Hauptreligionen treffen sich in Běijīng, um ihr Mitmachen beim chinesischen Modernisierungsprogramm und bei der Durchführung der Religionspolitik Chinas zu diskutieren.

Am 23. Oktober wird die Kulturrevolution von den Politikern absolut verurteilt; religiöse Führer werden rehabilitiert und 3 Millionen Yuan zur Restaurierung kirchlichen Eigentums freigegeben.

6. November: Kardinal Sin (Manila) besucht China - er ist der dritte Kardinal (nach Etchegaray und König) der China nach 1949 besucht.

7. Dezember: Das Priesterseminar in Hebei wird geöffnet, jedoch beginnen Verhaftungen von Bischöfen, Priestern und Laien.

Vom 14. - 24. Januar **1985** besucht Mutter Teresa (Seligsprechung geschah am 19. Oktober 2003) Hongkong, Taiwan, Macau und Běijīng.
27. Januar: Jin Luxian und Li Side werden zu Weihbischöfen von Shànghǎi konsekriert.
Schon am 12. Februar verspricht die kommunistische Regierung, Běijīngs größte Kathedrale (Beitang – siehe S.129) an die katholische Kirche zurückzugeben. Offiziell eröffnet diese im Dezember.
25. - 30. März: Als erster Bischof von Hongkong besucht Kardinal J. B. Wu nach 1949 offiziell China.
21. April: Das Kleine Seminar in Taiyuan wird eröffnet.
3. Juli: Nach 30 Jahren Gefängnis wird Bischof Gong Pinmei entlassen.
16. Juli: Bischof Jin Luxian führt eine Delegation Shànghǎier Katholiken nach Hongkong, Macau und den Philippinen an.
2. - 11. November: Unter der Leitung des Běijīnger Bischofs Fu Tieshan besucht eine Freundschaftsdelegation Leuven und andere katholische Einrichtungen in Belgien. Es ist die erste Delegation seit 1949, die eine solche Reise tätigen kann.
Dezember: Über 5.000 Kirchenführer werden als Abgesandte für den Kongress oder als Mitglieder der Politischen Beratungskonferenz gewählt.

21. Januar - 1. Februar **1986**: Bischof John B. Wu besucht Guāngdōng, seine Heimatprovinz, und bekräftigt die Brückenfunktion der Diözese Hongkong.
1. - 10. April: Der Direktor des Büros für Religiöse Angelegenheiten, Ren Wuzhi, besucht Hongkong auf Einladung von deren sechs größeren Religionen.
6. September: Einweihung der neuen Gebäude des Priesterseminars auf dem Shéshān (Shànghǎi), wo 115 Seminaristen studieren.
30. September: Seit 1949 besucht zum ersten Mal eine Delegation chinesischer katholischer Bischöfe und Laien der Offenen Kirche verschiedene Universitäten und das Generalat der Missionsgesellschaft Maryknoll in den Vereinigten Staaten.
18. - 29. November: Vierte Konferenz der Patriotischen Vereinigung der Chinesischen Katholischen in Běijīng mit 278 Delegier-

ten. Es wird eine neue Konstitution verabschiedet, in der steht "den Sozialismus zu unterstützen" und "einen Beitrag zur Vereinigung des Vaterlandes zu leisten".
30. November: Vier neue Bischöfe der Offenen Kirche werden geweiht. Mehr als 1.000 Katholiken nehmen daran teil. "Die neuen Bischöfe gelobten dem Unabhängigkeitsprinzip und der Selbstverwaltung in lokalen katholischen Angelegenheit die Treue" (nach einem Bericht der Běijīng Review).
Statistik der Offenen Kirche 1986: 48 Bischöfe, 22 von ihnen seit 1981 unabhängig gewählt und geweiht; 112 Diözesen, 3.3 Millionen Katholiken.

22. - 28. Januar **1987**: Bischöfe und Priester, Mitglieder der Patriotischen Vereinigung der Provinz Jiangsu, werden beordert, an einem Regierungsseminar in Nánjīng teilzunehmen; eine zweite Gruppe vom 11.-20. März.
24. - 26. April: Der Weihbischof von Shànghǎi, Jin Luxian, besucht Belgien, Frankreich, die Schweiz und Deutschland.
Einige Führer der patriotischen Vereinigung besuchen Kanada vom 6. Mai - 4. Juni.
19. Mai - 4. Juni: Weltmissionskonferenz zur Evangelisierung in San Antonio, Texas. Eine Delegation von acht Chinesen nimmt daran teil.
Im Juni erfolgen die ersten acht offiziellen Priesterweihen nach der Wiedereröffnung (1982) des regionalen Priesterseminars auf dem Shéshān (Shànghǎi).
11. November: Kardinal Jaime Sin von den Philippinen besucht China.
17. November: Veröffentlichung der Konstitution der Patriotischen Vereinigung.
Bischof Fan Xueyan (Bǎodìng/Hebei) wird aus der Haft entlassen.
17. Dezember: Bischof Fan Daojiang (74) von der Patriotischen Vereinigung der Chinesischen Katholischen Kirche in der Provinz Sìchuān stirbt.
Seit 1979 sind schon 22 Bischöfe in der Offenen Kirche geweiht worden.
Statistik der Offenen Kirche für 1987: 2.100 Kirchen wieder geöffnet; 112 Diözesen, 56 Bischöfe, 1.200 Priester. Zwischen 1980

und 1987 wurden 220.000 Personen getauft. 7 Große und 4 Kleine Seminare wurden seit 1982 wieder geöffnet. Dort studieren 700 Priesteramtskandidaten, 20 Schwesternklöster wurden geöffnet.

5. Januar **1988**: Der Bischof von Shànghǎi, Gong Pinmei, erhält seine zivilen Rechte zurück.
12. Februar: Bischof Zhang Jiashu (96) stirbt in Shànghǎi.
3. März: Aloysius Jin Luxian wird als Bischof von Shànghǎi eingeführt.
8. März: Tod von Bischof Zhao Youmin (79) der Stadt Fushan, Provinz Liaoning.
24. April: Weihe weiterer fünf Bischöfe der Offenen Kirche in Shandong.
1. Mai: "Regulierungen zur Verwaltungssupervision religiöser Aktivitäten" für die Provinz Guangdong werden erlassen.
11. Mai: Bischof Gong Pinmei verlässt Shànghǎi, um Verwandte in den USA zu besuchen.
Die Zahl der Bischöfe in der Offenen Kirche beträgt 55. In Běijīng zählt man 40.000 Katholiken.
19. Juni: Papst Johannes Paul II betet auf dem Petersplatz für China, dieses „große und geliebte Land".
28. Juni: Der Bischof von Hongkong, John Baptist Wu (63) wird zum Kardinal ernannt.
14. August: Nachdem Bischof Ma Qi von Pingliang, Provinz Gansu, die Führer der Patriotischen Vereinigung öffentlich angeklagt hat, ein Schisma in der Kirche zu schaffen, die Priester zu ermutigen, den Zölibat aufzugeben und der Korruption bezichtigt hat, tritt er zurück. 14 Seminaristen werden in Shànghǎi zu Priestern geweiht.
3. September: Der Präfekt der Kongregation für die Evangelisierung der Völker, Kardinal Tomko, sendet ein Dokument an alle Bischofskonferenzen der Welt mit Richtlinien zum Umgang mit der Kirche in China.
28. September: Kardinal Sin (Manila) fordert den Vatikan auf, mehr Gespür zu zeigen, wenn es sich um die Kirche in China handelt.
Im November erlässt der Vatikan Richtlinien über China, um die

Bischöfe der Welt daran zu erinnern, die "Untergrund"-Kirche in China nicht zu vergessen und gleichzeitig die zu respektieren, die sich trotz ihrer Papsttreue an die Gegebenheiten ihres Landes anpassen.
20. Dezember: Die Katholiken von Běijīng feiern 30 Jahre eigenständiger Wahl der Bischöfe.
Tod des Untergrundbischofs Joseph Zhu Yousan von Boading, Provinz Hebei.

5. Januar **1989**: Bischof Franz Zhou Shanfu von Yi in der Nähe von Bǎodìng/Hebei, stirbt.
17. Februar: Das Zentralbüro der Kommunistischen Partei und des Staatsrates veröffentlichen das Dokument Nr. 3: ("größere Kontrolle über die katholische Kirche, um der neuen Situation gerecht zu werden").
7. April: Der Untergrundbischof Julius Jia Zhiguo von Zhengding, Provinz Hebei, wird in Běijīng verhaftet, am 12. September wird er wieder freigelassen.
4. Juni: gewaltsame Zerschlagung der Demokratiebewegung auf dem "Platz des Himmlischen Friedens" (Tiananmen) in Běijīng.
5. - 8. Oktober: China untersagt, dass der Papst auf dem Weg zum Eucharistischen Weltkongress in Korea chinesisches Hoheitsgebiet überfliegt.
16. Oktober: Tod von Bischof Liu Dengmin (78) von der Diözese Zhouzhi, Provinz Shaanxi.
17. November: Bischof Fan Yueyan von Bǎodìng/Hebei wird aus dem Gefängnis entlassen.
21. November in Shaanxi: Eröffnung der Bischofskonferenz vom Untergrund, die nicht von Rom als solche anerkannt ist. Es folgen viele Verhaftungen.
8. Dezember: Gemeinsam mit mehreren Priestern und Laien wird Bischof Fan Xueyan in Bǎodìng/Hebei, verhaftet. Im November / Dezember sind weiterhin in Haft die Bischöfe: Li Side von Tiānjīn, Guo Wenshi von Qiqihar, Provinz Heilongjiang, Zhang Liren von Hohhot, Innere Mongolei, Yang Libo von Lanzhou, Provinz Gansu, Yu Chengti von Hanzhong, Provinz Hebei, Li zhenrong von Xianxian, Provinz Hebei und Liu Guandong von Yixian, Provinz Hebei.

3. Januar **1990**: In der Provinz Zhèjiāng stirbt Bischof Matthias Wu Guohuan (96).
März: Bischof Ye Yinyun von Guăngzhōu stirbt. Der Untergrundbischof Guo Wenzhi (73) von Harbin in der Provinz Heilongjiang, der am 14. Dezember 1989 verhaftet worden war, wird entlassen. Von Mai - August werden 13 Bischöfe der Offenen Kirche gewählt und geweiht.
9. Juni: In Shànghăi wird der 30. Jahrestag der Gründung der Patriotischen Vereinigung der Chinesischen Katholischen Kirche gefeiert (wurde eigentlich in Běijīng vom 17. Juni bis 2. August 1957 konstituiert).
17. Juni: Eine katholische Delegation von Nordkorea besucht China.
26. Juli: Das öffentliche Sicherheitsbüro verhaftet in der Provinz Fújiàn 15 Untergrundbischöfe, verschiedene Priester und Diakone; darunter Bischof James Xie Shiguang (75) von der Diözese Mindong. 10 August: Der vom Papst ernannte Bischof Paul Deng Jizhou (87) von Leshan, Provinz Sìchuān, stirbt.
25. August: Tod von Bischof Chen Duqing (81) von Ganzhou, Provinz Jiangxi.
In Leuven/Belgien wird eine Internationale Konferenz zur Geschichte der katholischen Kirche in China vom 5. - 8. September abgehalten.
30. Oktober: Die Katholische Druckerei in Shànghăi - seit 1949 geschlossen - nimmt ihre Tätigkeit wieder auf. Die Übersetzung des Neuen Testamentes der Jerusalemer Bibel wird vorbereitet.
15. - 30. November: Die Bischöfe der nördlichen Provinzen werden zum Studium der aktuellen Religionspolitik nach Běijīng gerufen. Vom 5.-10. Dezember wird in Běijīng eine nationale Konferenz über Religionen gehalten, die das Dokument Nr.19 bekräftigen soll. Sprecher sind: Li Peng, Ren Wuzhi und Jiāng Zémín.
13. - 14. Dezember: Vier Bischöfe, etwa 25 Priester und 30 Laien vom Untergrund in den Diözesen Băodìng und Yinxian, Provinz Hebei werden verhaftet. Bischof Chen Jinazhang "verschwindet". Zahlreiche protestantische Kirchenführer, Pastoren, Gemeindevorsteher, Prediger und Laien werden verhaftet und ein ganzes Jahr festgehalten. Ende Dezember wird der Untergrundbischof Song Weili von der Diözese Langfang, Provinz Hebei, verhaftet.

Statistik der Offenen Kirche für 1990: In Shànghǎi stehen 40 Kirchen für Gottesdienste zur Verfügung, in Běijīng 13. Es gibt 64 Bischöfe - 6 noch von Pius XII ernannte leben noch: 4 in der offenen Kirche, 1 in Hongkong und einer in den USA. Es gibt 12 Priesterseminare; 75 Priester in der Offenen Kirche wurden geweiht: 41 seit 1982 auf dem Shéshān (Shànghǎi); weitere im Seminar in Shijiazhuang.

30. Januar **1991**: Auf einem Treffen mit Leitern der fünf führenden Religionen warnt der Generalsekretär der Kommunistischen Partei, Jiāng Zémín (geb.1926), vor "feindlichen ausländischen Kräften".
Nach 3 Jahren Haft wird der Untergrundbischof John Yang Shudao von Fúzhōu/Fújiàn, im Februar freigelassen; ebenso der Untergrundbischof Joh. Baptist Liang Xishing (68) der Diözese Kāifēng 開封市/Hénán, der 1990 verhaftet worden war. Die folgende Heilige-Herz-Jesu-Kirche wurde dort 1608 gegründet, zerstört und 1917 neu gebaut:

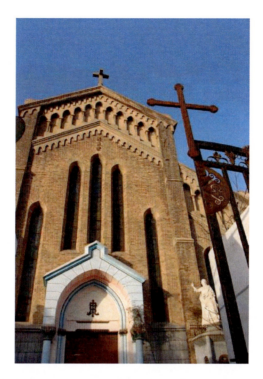

5. Februar: Die Regierung veröffentlicht das Dokument Nr. 6 zu "bestimmten Problemen in der weiteren Verbesserung der religiösen Arbeit". 28. Februar - 8. Dezember: Zusätzliche 10 Bischöfe der Offenen Kirche werden geweiht.
Im März wird der Untergrundbischof von der Diözese Fu'an, Provinz Fújiàn, Jakob Xie Shiguang (74, seit Juli 1990 im Gefängnis), freigelassen, darf aber sein Dorf nicht verlassen.
Am 15. März wird ein Dokument der chinesischen Regierung veröffentlicht: "Wachsamkeit gegen die Infiltration durch religiöse Kräfte aus dem Ausland" (inoffiziell war das Dokument den Hauptreligionen schon seit 1990 bekannt).
April: Bischof Joseph Zong Huaide beschuldigt die Untergrundkatholiken, sie würden die Bevölkerung gegen die Regierung aufhetzen.
8. April: Bischof Joseph Huang Ziyu (80) von Xiamen/Fújiàn, stirbt nach langer Krankheit in seinem Geburtsort.

10. April: Die Zeitschrift "Die Chinesische Katholische Kirche" (Zhōngguó Tiānzhǔ jiào) drängt in einem Artikel auf ideologisches politisches Training als Priorität in der Seminarausbildung.
24. April - 10. Mai: Die Bischöfe Südchinas werden zur Weiterschulung in Chinas Religionspolitik zusammengerufen.
19. Mai: Im offiziellen Priesterseminar in Wuhan werden 16 Kandidaten geweiht, die bisher größte Zahl seit der Öffnung der Kirchen 1979.
29. Mai: Die Ernennung von Bischof Ignatius Gong Pinmei (90, lebt schon in den USA) zum Kardinal wird bekannt gegeben; am 29. Juni empfängt er in Rom den Kardinalshut.
7. Juni: Der Untergrundbischof Joseph Li Side aus Tiānjīn wird nach 18 Monaten Haft entlassen.
11. Juni: Der Untergrundbischof von Shànghǎi, Fan Zhouliang (73) wird verhaftet.
13. Juli: Der von der PVChKK anerkannte Bischof von Tiānjīn Li Depei (90) stirbt in Běijīng.
5. August: Chinas Erziehungsministerium veröffentlicht eine "Verfügung zur Vorbeugung gegen bestimmte Orte, wo religiöse Aktivitäten die Erziehung verhindern". Ab 29. November wird sie in allen Schulen verteilt.
19. August: Der im Juni verhaftete Bischof Fan Zhongliang SJ von Shànghǎi wird freigelassen.
Dezember: Der Weihbischof (Untergrund) von Bǎodìng, Paul Shi Chunjie stirbt im Gefängnis – das genaue Datum bleibt unbekannt.
21. Dezember: Tod des noch vom Vatikan ernannten Bischofs von der Diözese Hongdong, Provinz Shanxi, Han Tinghi (83), der 1958 verhaftet und 1979 nach 20 Jahren Zwangsarbeit in einer Schweinefarm freigelassen worden war.
30. Dezember: In Běijīng wird die fünfte Nationale Christenkonferenz gehalten.
Über das ganze Jahr gab es Verhaftungen besonders unter den Mitgliedern im Untergrund, vornehmlich in der Provinz Hebei.
Statistik der Offenen Kirche 1991: Der Staat gibt die Zahl der Katholiken mit 3.6000.000 an; die Zahl dürfte aber eher zwischen 8 und 10 Mio. liegen. 3000 Kirchen sind nun geöffnet. Es gibt: 1 nationales Priesterseminar in Běijīng, 5 Regionalseminare, 8 auf Provinzebene und 7 Diözesanseminare; 1.000 Priester, 1.200

Schwestern, 800 Seminaristen und 1.000 Schwestern in der Ausbildung. 1991 gab es 106 Priesterweihen.

19. Januar **1992**: Tod des ersten Bischofs von Zhangjiakao/Provinz Hebei, Xu Lizhi (64).
Am 28. Januar werden in Fuan, Provinz Fújiàn, aus dem Gefängnis entlassen: Bischof Xi Shiguang (73) und die Priester Zheng Xingzong (42) und Zhu Rutuan (29), alle vom Untergrund.
22. Februar: In der Diözese Linyi, Provinz Shandong, stirbt der geschäftsführende Bischof Zhong Weije (80).
25. Februar: In Běijīng wird eine Konferenz des nationalen Büros für religiöse Angelegenheiten (kurz: Religionsbüro) gehalten, um die Religionspolitik zu unterstützen und voll einzuführen.
März - Juni: Junge Priester werden nach Běijīng geschickt zu einem Intensivkurs über Marxismus, Sozialismus und Religionspolitik.
10. März: Die Diözesen Lanzhou, Pingliang und Tianshui in der Provinz Gansu eröffnen gemeinsam ein Priesterseminar.
16. - 17. März: PVChKK und das Religionsbüro haben eine Gemeinsame Sitzung zur Vorbereitung des Fünften Katholischen Nationalkongresses.
22. März: In Mindong, Provinz Fújiàn, stirbt der Untergrundbischof Joh. Baptist Ye Yishi (84).
4. April: Der Vatikan und die Republik Mongolei nehmen diplomatische Beziehungen auf.
13. April: Der Untergrundbischof von Bǎodìng/Hebei, Joseph Fan Xueyan, stirbt unter mysteriösen Umständen. Zu seiner Beerdigung kommen ca. 10.000 Personen.
April: Tod von Bischof Paul Li Zhenrong, SJ in Xianxian, Provinz Hebei.
16. April: Die Regierung veröffentlicht ein Dokument "Verwaltung von Religionen und religiöse Aktivitäten in der Provinz Zhèjiāng". Weiters wird im April in Hongkong die Kirche mit Blick auf 1997, dem Jahr der Übergabe der Stadt, umstrukturiert. Eine neunköpfige Delegation unter Führung von Bischof Zong Huaide besucht auf Einladung der Koreanischen Katholischen Gesellschaft Korea.
Im Mai studieren hundert Priesteranwärter in den Seminaren der Provinz Shaanxi. Der Untergrundbischof Li Side von Tiānjīn wird

Anfang des Monats aus dem Hausarrest entlassen.
6. Mai: Das nationale Priesterseminar in Běijīng eröffnet die neuen Gebäude mit 60 Seminaristen im ersten Jahr Theologie.
4. - 9. Mai: Das China-Zentrum in Sankt Augustin, Deutschland, veranstaltet eine Konferenz zum 400-sten Geburtstag von Johann Adam Schall von Bell, SJ.
21. Mai: Bischof Peter Liu Guandong (72) wird durch den Einfluß des aus Hongkong gebürtigen amerikanischen Geschäftsmannes John Kamm freigelassen; ebenso die Priester Wang Yijun (75) aus Wēnzhōu, Zhèjiāng und Joseph Jin Dechen (72) aus Nanyang, Hénán.
27. Mai: Bischof Shi Hongchen (64) wird als Bischof von Tiānjīn in der Offenen Kirche und in der Kathedrale von Xikai eingeführt. Er selber sagte, dass er seinen Glauben an den Primat des Papstes vor seiner Ernennung der Regierung mitgeteilt habe.
29. - 30. Mai: Gesponsert vom Holy Spirit Study Centre und dem Christian Study Centre veranstaltet das Centre of Asian Studies der Universität Hongkong eine Konferenz zu "Christentum in China - Basis für einen Dialog".
Juni: Das Sicherheitsbüro Chinas (chinesische Polizei) eröffnet in Hongkong eine Niederlassung, um die Kriminalität von Festlandbürgern, die in Hongkong agieren, zu bekämpfen.
12. Juli: Erste Priesterweihe im neuen Regionalseminar in Xī'ān: 6 Priester und 7 Diakone.
25. Juli: Weitere Festnahmen von Priestern und Laien aus dem Untergrund in der Diözese Yixian, Hebei.
15. August: Zum fünften Mal seit 1950 wird der Priester Liao Haiqing von der Diözese Fúzhōu, in der südchinesischen Provinz Jiangxi(?), wegen illegaler religiöser Aktivitäten festgenommen. Im Bild wird die Huang-sung-puo-Kirche dargestellt, welche dem Hl. Dominicus geweiht und eine der wichtigsten Kirchen der Fúzhōu Tanka 福州疍民 (eigentlich Fúzhōu Dánmìn, ein Schiffsvolk auf dem Liang Jiang, bzw. Min) ist - diese wurden ab dem 17.Jhdt. katholisch missioniert:[50]

---

[50] http://de.wikipedia.org/wiki/Fuzhou_Tanka

3. - 4. September: Offiziell anerkannte kirchliche Führer beklagen sich in einer Konferenz in Běijīng, dass extrem linke kommunistische Beamte weiterhin die Ausbreitung des Glaubens über das Land hin blockieren.

5. September: 120 Protestanten werden in Guofa, Provinz Hénán, verhaftet.

15. - 19. September: Fünfte Katholische Nationalkonferenz, zusammengesetzt aus den 3 Gremien: Patriotische Vereinigung der Chinesischen Katholischen Kirche, Administrativkommission der Chinesischen Katholiken und das Chinesische Bischofskollegium (später Bischofskonferenz), mit 272 Delegierten. Ergebnisse: Überarbeitung der Konstitution der Patriotischen Vereinigung und der (offenen) Chinesischen Katholischen Bischofskonferenz. Die Bischofskonferenz wird vor der Patriotischen Vereinigung der Chinesischen Katholischen Kirche an die erste Stelle gesetzt. Die Liturgiereform des Vatikans einschließlich der Landessprache wird übernommen. Es werden ein Ständiger Ausschuss gebildet sowie sechs Kommissionen: für Seminare, Liturgie, Theologie, kirchliche Angelegenheiten, Finanzen, Freundschaft mit dem Ausland. Bischof Fu Tieshan (Běijīng) wird Generalsekretär. Die Vollversammlung soll alle zwei Jahre stattfinden und der Ständige Ausschuss jedes Jahr tagen. Die Patriotische Vereinigung wird

parallel dazu strukturiert.
25. September: Bischof Joseph Zong Huaide wird als Präsident der Bischofskonferenz und Vorsitzender der Patriotischen Vereinigung wiedergewählt.
September: Die Bischöfe Duan Yinming von Wanxian, Provinz Sìchuān, und Tu Shihua von Hanyang, Provinz Hubei, besuchen Belgien und Italien.
30. September: Tod von Bischof Simon Liu Zongyu (75) von Chongqing, Provinz Sìchuān.
9. Oktober: 10-jähriges Bestehen des Shéshān-Priesterseminars (Shànghǎi). Bisher wurden 70 Priester geweiht.
16. - 18. Oktober: Das Ricci Institute of Chinese-Western Cultural History der Universität San Francisco, sponsert eine Konferenz zum Thema: Bedeutung des Ritenstreites in der chinesisch-westlichen Geschichte, um die 300. Wiederkehr des Tolerierungsedikts von Kaiser Kāngxī (Regierungszeit: 1661–1722) zu feiern.
20. Oktober - 28. November: Bischof Liu Dinghan von Xianxian, Hebei, besucht die Philippinen.
22. - 25. Oktober: Die Fujen-Universität in Taipei, Taiwan, veranstaltet ein internationales Symposium zur "Geschichtsschreibung der katholischen Kirche in China"
22. Oktober: Zhang Shengzuo, früher Direktor der Einheitsfront der Kommunistischen Partei, wird zum neuen Chef des Religionsbüros des Staatsrates ernannt. Er tritt an die Stelle von Ren Wuzhi, der die Position seit 1984 innehatte.
November: Tod von Bischof Kong Lingzhong (87) von Kunming, Provinz Yunnan.
13. November: Tod von Bischof Peter Wang Ruihuan (88) von Harbin 哈爾濱/Hā'ěrbīn, in der nordöstliche Provinz Heilongjiang. Siehe die im Jahre 1907 dort gegründete Herz-Jesu-Kirche:

14. November: Tod des Untergrundbischofs Liu Difen (80) von der Diözese Anguo.
12. - 14. Dezember: Das Centro Unitario per la Cooperazione Missionaria tra le Chiese, Verona, Italien, veranstaltet eine Konferenz zum Thema: Perspektiven für eine katholische Kooperation mit China im gegenwärtigen internationalen Kontext.
Dezember: Bischof Yang Libo (76) von der Diözese Lanzhou, in der Provinz Gansu, wird aus dem Arbeitslager entlassen.

Statistik der Offenen Kirche 1992: Die Zahl der Katholiken beträgt etwa 10.000.000. Das ist eine inoffizielle Zahl und könnte vielleicht die Katholiken im Untergrund einschließen. Die Regierung gibt gewöhnlich 3—4 Millionen an. 3.900 Kirchen und Kapellen wurden seit 1979 für den Gottesdienst geöffnet. Es gibt 113 Diözesen mit 69 von der Regierung anerkannten Bischöfen. 435 von den 1.200 Priestern der Offenen Kirche wurden seit 1979 geweiht. Die Zahl der Schwestern beträgt 1.000 und 1.000 Studenten in den offenen Seminaren. Die Offene Kirche hat im Jahre 1992 15.000 offizielle Besucher empfangen. Zahlen aus der Untergrundkirche stehen nicht zur Verfügung. Die Gesamtzahl der Christen, einschließlich Protestanten, Katholiken und einheimische christliche Gruppen, wird auf 75 Millionen geschätzt.

14. Mai **1993**: 8. Nationaler Volkskongress (2.977 Mitglieder) und die Politische Konsultativkonferenz (2.093 Mitglieder, darunter 58 Vertreter der offiziell anerkannten Religionen, davon 12 Katholiken). Außer personalen Veränderungen in den Gremien gibt es keine wesentlichen Änderungen im Verhältnis zur Religion. Es wird aber die Forderung nach einem Religionsgesetz laut.
11. - 20. Mai: Eine vierköpfige Delegation des Moskauer Patriarchats besucht zum ersten Mal als offizielle Vertretung der Russisch-Orthodoxen Kirche St. Sophia in Harbin (1907 gebaut, siehe unten), die Städte Shànghǎi, Nánjīng und Běijīng.

Im Juni äußert der Papst den Wunsch, nach China zu reisen, doch lehnt dies Liu Bainian, der Generalsekretär der PVChKK ab. 4. September: Kardinal Roger Etchegaray besucht die 7. Chinesischen Nationalspiele in Běijīng.

31. Januar **1994**: Die chinesische Regierung veröffentlicht zwei Dekrete: Nr. 144 zur religiösen Betätigung von Ausländern und Nr.

145 über die Registrierung von Kultstätten. Beide gelten für alle anerkannten Religionen.
29. April - 10. Mai: In der Benediktinerabtei St. Andries bei Brügge findet ein Fortbildungskurs für 15 chinesische Priester aus sieben offiziellen Priesterseminaren statt. Es ist eine Initiative der *Ferdinand Verbiest Foundation*, Leuven. Daran schließt sich eine 10-tägige Pilgerfahrt durch Frankreich an.
25. September: Kardinal Tomko verliest in Taipei (Taiwan) eine Botschaft des Papstes (vom 8. Sept.), in der er auf die "tiefen und langen Leiden" der "romtreuen" Katholiken Chinas hinweist.
11. - 22. Oktober: Bischof Dr. Walter Kaspar (Rottenburg), der auch Vorsitzender der Kommission Weltkirche der Deutschen Bischofskonferenz ist, besucht China.
10. - 17. November: Kardinal Wu (Hongkong) besucht mit einer siebenköpfigen Delegation das Büro für Religiöse Angelegenheiten in Běijīng, dann Wuhan und Xī'ān. Spekulationen über eine Normalisierung der Beziehungen China-Vatikan bekommen neuen Auftrieb.

6. März **1995**: Verteilung eines vertraulichen Dokumentes des Zentralkomitees der KPCh's. Es wird vor gegen China und die KP gerichteten ausländischen Kräften gewarnt, die unter dem Deckmantel der Religion das Bewusstsein des Volkes negativ beeinflussen würden.
13. Juni: Der Untergrundbischof Su Zhemin wird im berühmten Marienwallfahrtsort Dongliu (Hebei) höchst öffentlich als Ortsbischof der Diözese Bǎodìng installiert.
8. Juli: Ye Xiaowen wird zum neuen Direktor des Büros für Religiöse Angelegenheiten, des höchsten Kontrollorgans über die Religionen in der Volksrepublik China, ernannt. Er gilt als marxistisch-konservativ; das Christentum ist für ihn das "Sorgenkind" der chinesischen Religionspolitik.
19. Juli: Es erscheint die erste Nummer der neuen offiziellen Zeitschrift für Religionen, *Zhōngguó zōngjiào* 中国 宗教 (China-Religion(en)) im "Religionsverlag", der im April 1995 vom Büro für Religiöse Angelegenheiten gegründet worden war. Der Begriff Religion ist hier im chinesischen Sinne (siehe später) als „Von den Vorfahren lernen" zu verstehen, d.h. vom Ahnenkult/Volksreligion.

12.- 30. November: Besuch einer Delegation chinesischer Bischöfe in Deutschland zum Thema Priester- und Schwesternausbildung.

15. Januar **1996**: Erzbischof Claudio M. Celli (Vatikan) und Msgr. G. Rota führen Gespräche mit Vertretern der chinesischen Regierung. Neue Spekulationen über die sino-vatikanischen Beziehungen.

September: Ministerpräsident Li Peng verlangt bei einem Besuch in Xingjiang mehr Kontrolle über die Religionen. Sie müssten dem Sozialismus dienen.

20. Oktober: zwei neue Bischöfe in Hongkong: Joseph Zhen (Salesianer), geboren 1932 in Shànghǎi, als Koadjutor und der bisherige Generalvikar John Tong, geboren 1939 in Hongkong, als Weihbischof.

3. Dezember: Botschaft von Johannes Paul II. an China: Er ruft die Regierung in Běijīng auf, die Religionsfreiheit zu achten; die Gläubigen ruft er zur vollen Versöhnung auf. Die chinesische Regierung reagiert mit der Forderung an den Papst, sich nicht in innere Angelegenheiten Chinas einzumischen.

1. April **1997**: Die englischsprachig Katholische Universität von Macau beginnt ihre Tätigkeit.

1. - 12. April: Einweihung der größten katholischen Druckerei Chinas in Shànghǎi beim Besuch von Bischof Homeyer aus Hildesheim.

2. April: In Běijīng verstirbt Bischof Joseph Zong Huaide (Shandong, geb. 1917), der Vorsitzende der offenen Chinesischen Bischofskonferenz; seit 1980 war er auch der Vorsitzende der Patriotischen Vereinigung der Chinesischen Katholischen Kirche. Zudem war er Mitglied der Politischen Konsultativkonferenz des chinesischen Volkes.

1. Juli: Eingliederung Hongkongs in die Volksrepublik. Die Bewegungsfreiheit der Kirche in Hongkong ist weiterhin garantiert. Das gilt auch für die von den Kirchen betriebenen Schulen.

12. - 21. August: Kardinal Kim Sou-Hwan (Seoul) besucht auf offizielle Einladung des Büros für Religiöse Angelegenheiten die VR. China. Im Sommer besuchen drei chinesische Bischöfe kirch-

liche Einrichtungen in Belgien, Holland, Frankreich und Deutschland: Liu Yuanren (Nánjīng), Shi Hongshi (Tiānjīn) und Guo Zhengji (Bameng).
16. Oktober: Es erscheint das vom Staatsrat der Volksrepublik China herausgegebene Weißbuch zur Religionsfreiheit in China (Text in China heute Jhg. XVI (1997) Nr. 6 (94), S. 176ff)

17. - 20. Januar **1998**: 6. Vollversammlung der Katholischen Gremien in Běijīng mit 246 Delegierten mit neuen Satzungen.[51] Bischof Fu Tieshan (Běijīng) wird Vorsitzender der Patriotischen Vereinigung der Chinesischen Katholischen Kirche und Bischof Liu Yuanren (Nánjīng) Vorsitzender der Chinesischen Bischofskonferenz.
19. April - 14. Mai: Römische Bischofssynode für Asien im Vatikan. China ist nur vertreten durch die Bischöfe von Hongkong, Macau und Taiwan. Trotz der Abwesenheit einer Vertretung aus der Volksrepublik China wird die Problematik der katholischen Kirche in China doch zu einem zentralen Thema.
27. April: In Shànghǎi findet eine Konferenz der KP Chinas über die Religionsarbeit mit 60 Teilnehmern statt. Sie werden aufgerufen, ernsthaft die marxistische Theorie über Religion zu studieren, die Religionspolitik der Partei umzusetzen und die Administration der religiösen Angelegenheiten zu verstärken.
21. Mai: In Běijīng entsteht ein Zentrum zur Erforschung der christlichen Religionen, das an der Chinesischen Akademie der Sozialwissenschaften angesiedelt ist. Zur Gründungsversammlung folgen 120 Gäste aus ganz China der Einladung des Direktors, Prof. Dr. Zhou Xinping.
4. Juni: Die vatikanische Kongregation zur Evangelisierung der Völker eröffnet über den Internationalen Fidesdienst eine Internetseite in chinesischer Sprache (http://www.fides.org).
24. Juli: In Macau wird ein neues Religionsgesetz promulgiert mit den Kapiteln: Prinzipien, Individuelle Religionsfreiheit, Religiöse Konfessionen, Religionsgeheimnis und Schlussbemerkungen.
25. Oktober: Hongkong/Macau wird die 38. und kleinste Kirchen-

---

[51] China heute Jhg. XVII (1988) Nr. 5 (99)

provinz der Anglikanischen Kirche. Der erste Erzbischof ist Peter Kwong Kwong-Kit.

Im Jahr **1999** gibt es viele Spekulationen und sich widersprechende Gerüchte über die sino-vatikanischen Beziehungen, die von beiden Seiten dementiert oder heruntergespielt werden. Die Vorbereitungen auf das hl. Jahr gestalten sich schwierig. Dennoch gibt es sogar eine chinesisch- und teilweise englischsprachige Webseite: www.sapientia.netfirms.com .

25. April: Manifestation von ca. 10.000 Mitgliedern der *Fǎlún gōng* 法轮功- Bewegung in Běijīng für religiöse Freiheit (1992 von Li Hongzhi in den USA als Kultbewegung gegründet, bedeutet eigentlich „Rad des Gesetzes"). Sie wird als staatsgefährdend verboten und verfolgt. Im Juli dieses Jahres wurde gegen Li Hongzhi, der der Verbreitung des Aberglaubens, damit in Zusammenhang der Verursachung des Todes von 743 Anhängern (Verbot des Arztbesuches) sowie der Organisation nicht genehmigter politischer Demonstrationen beschuldigt wird, Haftbefehl erlassen und Falun Gong in China verboten.[52]

15. - 18. November: Abhaltung einer Konferenz über "Studien zum Christentum in China heute" am Institut für Weltreligionen der Chinesischen Akademie für Sozialwissenschaften in Běijīng mit der Teilnahme von 50 Wissenschaftlern. Neben diesem Institut gibt es inzwischen ähnliche Einrichtungen an mehreren chinesischen Universitäten.

22. Dezember: Macau wird China wieder eingegliedert. "Für die Kirche ändert sich nichts" - laut Bischof Lam.

Chronologie im 21. Jahrhundert und Gegenwart

Am 6. Januar **2000** erfolgt die Weihe von fünf chinesischen Bischöfen ohne den Konsens des Papstes. Auf alle war extremer Druck ausgeübt worden, um sie dazu zu bewegen, die Weihe zu empfangen. Die Seminaristen aus Běijīng nehmen aus Protest nicht an der Weihe teil und kommen deswegen in große Schwie-

---

[52] Falun Gong, Brockhaus(c) wissenmedia GmbH, 2010

rigkeiten - über 30 werden entlassen. Die Weihe ist ein harter Rückschlag für alle Bemühungen um verbesserte Beziehungen zwischen China und dem Vatikan.
In Hongkong beginnt am 4. März unter der Leitung von Kardinal Wu die Diözesansynode und am 7. Mai wird Zao Fenchang, mit Erlaubnis des Hl. Stuhles, zum offiziellen, vom Staat anerkannten Bischof von Yánggǔ Xiàn 阳谷县/Shandong geweiht.
Mehrere Dutzend Jugendliche aus der Volksrepublik China nehmen im August am Weltjugendtag in Rom teil; sie treffen sich auch mit Jugendlichen aus Taiwan und Hongkong. Offizielle Delegationen aus China erhalten jedoch kein Ausreisevisum.
14. - 19. September: Kardinal Roger Etchegaray (Vatikan) hält sich zu einem Privatbesuch in China auf (es ist seine 3. Reise) und führt Gespräche mit verschiedenen Vertretern der offiziellen Kirche.
19. - 21. September: Im Zentrum für Christliche Studien am Institut für Weltreligionen in Běijīng findet mit starker Unterstützung des Bischöflichen Hilfswerkes Misereor (Aachen) eine Konferenz zum Thema: "Christentum und das 21. Jahrhundert" statt, zu der außer einigen europäischen Vertretern ca. 60 Wissenschaftler aus China eingeladen werden, darunter auch verschiedene Vertreter der Kirchen.
Wie bereits erwähnt erfolgt am 1. Oktober die Heiligsprechung von 120 chinesischen Märtyrern (siehe S.22). Für die chinesische Regierung ist das eine Provokation, die das Nationalbewusstsein verletze (der 1. Okt. ist das Nationalfest der "Befreiung"); für die Katholiken in China und Taiwan eine große Freude. In China selbst darf das Ereignis von der Kirche nicht erwähnt oder gar gefeiert werden.

Beim Besuch des Wiener Schubertbundes (Männerchor) am 16. April **2001** bei Bischof Aloysius Jin Luxian SJ in Shànghǎi, stellte man fest, dass er gut Deutsch spricht (er war von den Steyler Missionaren vor langer Zeit für ein Jahr dorthin eingeladen worden). Auf die Frage nach dem Verhältnis zum Papst, sagte er, dass er täglich für ihn bete...

Auf einer in diesem Jahre vom Zentralkomitee der Kommunistischen Partei Chinas und dem Staatsrat in Běijīng veranstalteten Konferenz zur Religionsarbeit wurde denn auch erneut auf einen Text in der Verfassung hingewiesen, der als Orientierung und Warnung zugleich dienen sollte: „Normale religiöse Aktivitäten und die legalen Rechte und Interessen religiöser Gruppierungen genießen Schutz.[53] Der administrative Umgang des Staates mit religiösen Angelegenheiten bewegt sich auf eine Festigung im Rechtsbereich zu. Wer allerdings unter dem Vorwand der Religion illegal oder spaltend wirkt, erfährt harte Bestrafung." Dabei wird aber nicht erklärt, was mit „normalen Aktivitäten" tatsächlich gemeint ist. Im weiteren Text wird dann betont, dass Persönlichkeiten religiöser Kreise und die Mehrheit der Gläubigen aufgerufen werden, sich im Modernisierungsprozess zu engagieren, um die Anpassung der Religion an die sozialistische Gesellschaft weiter zu verstärken.

Eine neue Elite stellte die eigenen chinesischen Traditionen in Frage, manche Intellektuelle fühlten sich in ihrer Suche nach neuen Wertnormen von der christlichen Soziallehre angezogen. Auf der anderen Seite wuchs auch das nationale Selbstbewusstsein in den Christlichen Gemeinden. Es entstanden vom Ausland unabhängige, rein chinesische protestantische Gemeinden, so z.B. rund eine Million Wēnzhōu 温州 - Christen in der Provinz Zhèjiāng. 1958 wurde Wenzhou Chinas erste offizielle "religionsfreie Zone", eine atheistische Stadt. Doch ausgerechnet dort brach die größte Erweckung aus. Taiwanesische Christen flogen mit Ballons Bibeln und evangelistische Flugblätter aufs Festland. Heute gilt Wenzhou als das chinesische Jerusalem. Die Hausgemeinden sind so groß geworden, dass sie sich inzwischen haben registrieren lassen und offiziell Gemeindehäuser besitzen - ohne der Drei-Selbst-Kirche anzugehören. Diese Konstruktion ist ein-

---

[53] *Zeitzeichen - evangelische Kommentare zu Religion und Gesellschaft,* P. Anton Weber SVD März 2008, S. 31f

malig in China.⁵⁴ Aufgrund ihrer Geschäftstüchtigkeit sind Wenzhou-Christen mittlerweile im ganzen Land und darüber hinaus missionarisch aktiv. Siehe das Bild der Osttor-Kirche 东门天主堂 dōngmén tiānzhǔtáng: ⁵⁵

Obwohl in dieser Stadt zehn Kirchen sind, erhebt sich die Frage, ob es wirklich das Jerusalem Chinas ist, wie es manche bezeichnen. Jedenfalls will man sich auch auf andere chinesische Gemeinden, wie Shànghǎi, und sogar in westliche Länder ausbreiten. Dabei kann es manchmal durch weltliche Tüchtigkeit (Schuh-, Feuerzeug- und Brillenproduktion, etc.) aber spirituelle Mängel zu Proselytentum, Zersplitterung und Vetternwirtschaft kommen, was die Dynamik dieser Entwicklung einschränkt.

---

⁵⁴ http://www.glaube.de/artikel/thema//-be1597de24/wachstum_durch_wunder.html?no_cache=1&print=1
⁵⁵ „Boss Christians: The Business of Religion in the ‚Wēnzhōu Model' of Christian Revival" in der Zeitschrift *The China Journal* 2008, Nr. 59, S. 63-87

Als Kontrast dazu folgt noch eine, vom Autor im Mai 2001 aufgenommene, berührend-einfache Kirche in Yuèqīng (Yuèqīng Shì 乐清市 ist eine kreisfreie Stadt der bezirksfreien Stadt Wēnzhōu/Zhejiang) mit der Torüberschrift „Heiliger Gott schenkt vorläufig ein Fest":

Am 11. Dezember 2001 trat China der World Trade Organization (WTO) bei – ein weiterer Schritt zur Globalisierung.

Angesichts der Wiederbelebung der Religiosität und des steigenden Interesses an Religion, auch seitens der Parteiangehörigen, wurden im Jahre **2004** kurz nacheinander weitere, diesmal parteiinterne Dokumente verabschiedet: „Grundsätze und Haltung gegenüber der Frage des religiösen Glaubens bei Parteimitgliedern und Parteikadern" (12. August), „Einige Ansichten bezüglich der Verstärkung der Religionsarbeit der Leitungsgremien" (17. August), sowie „Einige Ansichten bezüglich religiöser Gruppen und religiöser Aktivitäten an Universitäten und Hochschulen" (21. August).

Die „Vorschriften für religiöse Angelegenheiten" wurden vom Staatsrat bereits am 7. Juli 2004 auf der 57. Sitzung des Ständigen Ausschusses verabschiedet und wurden am 30. November 2004 promulgiert, um am 1. März **2005** in Kraft zu treten (als Verordnung Nr. 426 allgemeine Geltung für alle Religionen). Es handelt sich hier um eine Verordnung in sieben Kapiteln und 48 Artikeln, aber nicht um ein Gesetz im strengen Sinn. Missbrauch und Missverständnissen bei der Umsetzung stehen Tür und Tor offen. Einerseits ist allerdings die Ausübung religiöser Betätigungen vor Übergriffen geschützt, anderseits haben die Behörden nun aber auch eine offizielle Handhabe, um gegen „nicht registrierte" Gruppen und Individuen, aber auch gegen von diesen vollzogene religiöse Aktivitäten legal vorzugehen. Die Intensität, mit der die Umsetzung durch die Behörden gehandhabt wird, ist jedoch örtlich verschieden. So kommt es weiter zu Verhaftungen von sowohl protestantischem als auch katholischem Führungspersonal, wo dieses sich weigert, sich der Kontrolle der staatlichen Organe unterzuordnen. Jedoch zeigt die Tatsache, dass es z.B. neuerdings auch häufig vorkommt, dass Bischofsernennungen sowohl mit Zustimmung des Staates als auch des Vatikans geschehen, dass die Behörden in der Behandlung dieser Frage eine mehr pragmatische Haltung einnehmen.[56]

Der chinesische Christenrat gibt anlässlich einer Ausstellung in Köln, im Juni **2006** an, dass bisher 43 Millionen chinesische Bibeln verschiedener Ausgaben gedruckt wurden, ohne Berücksich-

---

[56] *Zeitzeichen - evangelische Kommentare zu Religion und Gesellschaft,* P. Anton Weber SVD März 2008, S. 30f

tigung der 476.605 Bibeln in Minderheitensprachen. Diese Zahl wird durch den Nachrichtendienst *Xīnhuá* 新华 bestätigt[57] und erläutert, dass bis November 2007, 50 Millionen Bibeln und zusätzlich 9 Millionen *Neue Testamente* - alle durch die protestantische, diakonische *Amity Foundation* - hergestellt wurden sowie, dass jährlich in China ca. 3 Millionen Bibeln gedruckt werden. Die *Amity Foundation* hilft auch bei zahlreichen Sozialprojekten mit (siehe später). Wenn man nun annimmt, dass - trotz der exportierten Bibeln - vielleicht 40 Millionen in China verblieben sind, so zeigt sich das starke Interesse am „Buch der Bücher". Anmerkung: Die Bibel z.B. in der nigerianischen Sprache Rubassa wird ebenfalls in der Amity Druckerei (im chinesischen Nánjīng) hergestellt. Derzeit betreibt die Nigerianische Bibelgesellschaft weitere 12 Übersetzungsprojekte.

Nach Angaben des Hongkonger Kardinals Joseph Zen von Herbst **2006** sind rund 85% der Bischöfe der offiziellen Kirche auch von Rom anerkannt.

Bischof Han Dingxiang von Yongnian in der Provinz Hebei, der am 9. September **2007** in der Haft gestorben war und der seit 2005 zum wiederholten Mal in Haft genommen worden war, starb allein im Polizeigewahrsam und wurde von den Behörden noch am selben Tag beigesetzt.[58]

Brief des Papstes an die Katholiken in China, der am 29. Juni **2007** zusammen mit einer *Erklärenden Note* in Rom veröffentlicht wurde. Georg Evers von Missio in Aachen schreibt dazu:[59] „Überrascht hat der Ton dieses Schreibens, in dem alles getan wurde, um zu einer Verbesserung des Verhältnisses zu kommen und alle

---

[57] http://news.xinhuanet.com/english/2007-12/09/content_7220602.htm
[58] Vgl. Underground Bishop Han Dingxiang of Yongnian Dies in Detention, UCA-News, Sept.11, 2007; YongnianCatholics Mourn Late Bishop, UCA-News, Oct. 18,2007.
[59] http://www.missio-aachen.de/Images/MR27%20China%20-%20deutsch_tcm14-47493.pdf

polemischen Äußerungen zu vermeiden, die diesem Ziel entgegenstehen könnten. Trotzdem war die erste offizielle Reaktion nach dem Erscheinen des Briefes seitens des chinesischen Außenministeriums kurz gehalten. Begrüßt wurde, dass seitens des Vatikans der Wunsch nach Dialog und Aufnahme diplomatischer Beziehungen geäußert wurde. Weiters drückte der Sprecher des Ministeriums, Qin Gang, seine Hoffnung aus, dass die vatikanische Seite konkrete Maßnahmen ergreifen und keine neuen Barrieren errichten möge. Aber dann folgte doch nur die stereotype Wiederholung der beiden Forderungen: *Abbruch der diplomatischen Beziehungen mit Taiwan und keine Einmischung in innere Angelegenheiten Chinas.* Der stellvertretende Vorsitzende der *Chinesischen Katholischen Patriotischen Vereinigung*, Liu Bainian, erklärte direkt nach der Veröffentlichung des Papstbriefes, dass seine Organisation die Verbreitung des Briefes nicht übernehmen werde."

Anlässlich der Olympischen Spiele ab 8.August **2008** gab es zahlreiche Vorbereitungen der katholischen Kirchen an den olympischen Austragungsorten – neben Běijīng auch Qingdao, Qinhuangdao, Shànghǎi, Shenyang, Tiānjīn und Hongkong – berichtete UCAN am 31. August 2007[60]. Bis auf Qinhuangdao sind alle Städte auch katholische Bischofssitze. Die Diözese Qingdao hatte ein Serviceteam für religiöse Dienste während der Spiele aufgestellt, berichtete der Pfarrer der Kathedrale in Qingdao, Chen Tianhao. Seit Juni übte dort ein ausländischer Musiker mit dem Chor englische Kirchenlieder. Die Kathedrale bekam bis zu den Spielen außerdem eine in Deutschland hergestellte Pfeifenorgel (eine große Seltenheit in chinesischen Kirchen, da früher vorhandene Orgeln in der Kulturrevolution zerstört wurden). An der Kathedrale von Tiānjīn fand in Vorbereitung auf die Spiele seit März 2008 zweimal monatlich eine englische Messe statt, die von einem irischen Priester gehalten wurde. Die Diözese Běijīng arbeitete schon seit längerem an einem umfassenden Seelsorgeplan. Aus den Diözesen Shànghǎi und Shenyang hieß es, man habe noch keine spe-

---

[60] *China heute* 2007, Nr. 6, S. 195f

ziellen Seelsorgedienste vorbereitet. Doch fanden in den Diözesen regelmäßig Messen in englischer, koreanischer und anderen Fremdsprachen statt.

Mitte Oktober des Jahres 2007 hielt Staats- und Parteichef Hú Jĭntāo (geb.1942) vor 2217 Delegierten des 17. Kommunistischen Parteikongresses in Běijīng eine Rede, die die Ideologie der Partei wiedergab. Erneut wurde die Machterhaltung der Kommunistischen Partei (KPCh) betont als Garant für eine gesicherte Zukunft und er fand Worte, die auf mehr Freiheit und eine größere Flexibilität im Umgang mit der konkreten Wirklichkeit deuteten. Präsident Hú sprach von einer demokratischen Beteiligung der Bevölkerung an der Verantwortung für den Wohlstand der Nation. Es war die Rede von einem Sozialismus mit chinesischen Eigenschaften. Hier finden sogar gewisse Zugeständnisse an kapitalistisches Denken ihre Rechtfertigung. An den Grundfesten des Sozialismus wird jedoch nicht gerüttelt, unter seiner Führung sollen alle Kräfte vereint werden, um gemeinsam an der Errichtung einer „harmonischen Gesellschaft" mitzuarbeiten, in der alle in Frieden und Wohlstand leben können.

Tatsächlich fand in der großen Rede Hú Jĭntāos auch die Religion unter dem 6. Thema, wo es um die Entfaltung und Festigung des Sozialismus geht, kurz Erwähnung. Die Religion durfte wohl auch nicht unerwähnt bleiben, wo doch in China der Blick nach der Religion für viele Menschen ständig an Bedeutung gewinnt. Jedoch hat die Religion aus der Parteisicht, das war aus den Worten des Parteisekretärs deutlich genug zu hören, lediglich insoweit Bedeutung, als sie einen Beitrag zur wirtschaftlichen und sozialen Entwicklung des Landes leisten kann, und dies unter den von der Partei vorgegebenen Vorgaben.

Bevor auf die Aktuelle Situation der katholischen Kirche eingegangen wird, soll kurz auf die Situation der beiden anderen großen Religionen: Buddhismus und Islam eingegangen werden.

Beziehung zwischen Staat und Buddhismus[61]

Die erste ideologischen Vorwürfe der Herrscher gegen die Buddhisten sind in der Mitte des 4.Jhdt. nach Chr. belegt und gründen sich auf die unsicheren politischen Verhältnisse der Zeit. Besonders die monastisch organisierten Sangha (Mönche und Laien) standen wegen ihrer Unabhängigkeit unter Kritik. Die aus Indien stammende Religion war zunächst als Fremdkörper betrachtet worden und im Laufe der Zeit – und der wechselvollen Anpassung – immer wieder Gegenstand spannungsreicher Kontroversen. Bei der Frage nach dem Verhältnis zwischen „Buddhismus" und „Staat" im heutigen China mag die von der Kommunistischen Partei Chinas (KPCh) geprägte politische Autorität auf Seiten des

---

[61] http://www.china-zentrum.de/Buddhismus.48.0.html

Staates relativ klar zu fassen sein. Anders verhält es sich beim „Buddhismus". Die buddhistische Geschichte in China hatte nicht zur Herausbildung einer landesweiten buddhistischen Vereinigung geführt, nicht zu einer autoritativen Leitfigur und nicht einmal zu einem etwa der Bibel oder dem Koran vergleichbaren Kanon. Was unter „Buddhismus" definierbar ist, mag mit der Mindestforderung zu den „Drei Kostbarkeiten" (sānbǎo 三宝) Buddha, Dharma und Sangha zu definieren sein. Über Jahrhunderte befand sich der Buddhismus in China im Niedergang und die revolutionären Umwälzungen des 20. Jahrhunderts, markiert vor allem durch die Gründung der Volksrepublik China 1949, drängte den Buddhismus noch weiter zurück. Trotz der Gründung der vom Staat zunächst tolerierten Chinesischen Buddhistischen Gesellschaft 1953 zielte die Kulturrevolution schließlich direkt auf die Zerstörung der verbliebenen Symbole und Organisationen der religiösen Traditionen Chinas. Viele Klöster wurden zerstört, öffentliche Religionsausübung überwiegend verboten, Mönche vertrieben, verhaftet oder getötet.

Anfang der 1980er Jahren verfolgte dann die KPCh eine tolerantere Linie gegenüber den religiösen Bewegungen. In Zusammenhang mit der Neugründung der Chinesischen Buddhistischen Gesellschaft konnten vermehrt Klöster und Tempel wiederaufgebaut werden und die Zahl der ordinierten Mönche und Nonnen wuchs ebenso wie deren karitatives Engagement.

Islam im heutigen China

Nach einer Statistik der Islamischen Vereinigung Chinas hatte China am Ende des 20. Jahrhunderts eine muslimische Bevölkerung von über 20 Mio. Menschen und 35.000 Moscheen. 46.000 akhonds (persisch: Lehrer, Kleriker) oder Geistliche arbeiten für die muslimischen Gemeinschaften, es gibt 20.000 *khalifas* (arabisch: Nachfolger des Propheten Muhammad – Religionsstudenten an den *madrasas*, d.h. religiösen Schulen) und mindestens 1.000 örtliche Islamische Vereinigungen (darunter 422 auf Kreisebene), die die islamischen Angelegenheiten mit den Regierungsbehörden unter der Kontrolle der Kommunistischen Partei koordinieren. [...][62] In jüngster Zeit ist Chinas muslimische Tradition in steigendem Maße systematisch erforscht worden. Einige neuere wissenschaftliche Arbeiten bringen Studien zur Geschichte und gegenwärtigen Situation der Muslime und des Islam innerhalb der zehn ethnischen Gruppen. Im Buch *Muslim Chinese* gibt Dru C. Gladney[63] einen umfangreicheren Berichte über die Hui-Muslime – die größte muslimische ethnische Minoritätengruppe – im China nach Mao und ein allgemeines Portrait der muslimischen Völker Chinas. Weitere zahlreiche Werke behandeln die islamische Erneuerungsbewegung im China der 1990er Jahre und wird die Bedeutung und Vielfalt von dessen islamischem Erbe auch unter Wissenschaftlern zunehmend anerkannt.[64],[65] Danach haben die chinesischen Muslime ein komplexes Verhältnis zu ihrer Regierung, die von bekennenden Atheisten kontrolliert wird, die jeglicher Religion abschwören. Viele Muslime nehmen gegenüber der von der Kommunistischen Partei geführten Regierung eine pragmatische Haltung ein. Sie meinen, dass die chinesische Regierung so mächtig ist, dass sie sich deren Forderungen anpassen kann und diese danach streben müssen, unter ihr zu überleben, während sie gleichzeitig die Vorzugsbehandlung der Minoritäten durch die Regierung genießen.

Aktuelle Situation der christlichen Kirchen in China (2010)

Es existiert sicher noch ein angespanntes Verhältnis zwischen staatlichem Herrschaftsanspruch und christlichem Freiheitswillen - der aber eben auch Struktur benötigt - und es gibt eben die Her-

---

[62] http://www.china-zentrum.de/Islam.46.0.html?&L=0
[63] Muslim Chinese: Ethnic Nationalism in the People's Republic, Second Edition (Harvard East Asian Monographs) von Dru C. Gladney von Harvard Univ Pr (Taschenbuch - Juni 1996)
[64] Between Mecca and Běijīng von Maris Boyd Gillette von Stanford Univ Pr (Gebundene Ausgabe - September 2000)
[65] Development Models in Muslim Contexts: Chinese, "Islamic," and Neo-Liberal Alternatives (Exploring Muslim Contexts) von Robert Springborg von Edinburgh Univ Pr (Gebundene Ausgabe - 30. August 2010)

ausforderung für das Christentum im Umgang mit Chinas uraltem Traum von der idealen Gesellschaft. Viele Autoren sind er Meinung: Das Christentum hat eine große Zukunft im Reich der Mitte.[66] China bewegt in den letzten Jahren die Gemüter sowohl im Land als auch weltweit. Sein enormes wirtschaftliches Wachstum und sein riesiger Energieverbrauch scheinen die bisher so sicher geglaubte Weltstabilität ins Wanken zu bringen. Das Land bricht einen wirtschaftlichen Rekord nach dem anderen, so z.B. überholte es 2010 Japan wirtschaftlich gesehen und steht nun weltweit an zweiter Stelle. Die Olympischen Spiele brachten dem Land eine weltweite Aufmerksamkeit und eine willkommene Gelegenheit, sich von einer neuen Seite zu zeigen. Es ist ein wachsender staatlicher Materialismus, der diesen Erfolg möglich macht und gestärkt hat, der allerdings auch immer mehr seiner Menschen in eine Sinnkrise führt.

Der ganze Prozess erzeugt viele Gewinner, aber die Zahl der Verlierer wächst ebenso (Wanderarbeiter, etc.), obwohl der Osten, respektive die östliche Philosophien für viele Menschen im Westen in den vergangenen Jahrzehnten die Quelle waren, wo sie die in ihrer Heimat verlorene gegangene Spiritualität wieder zu finden glaubten, kann man nun eine Bewegung in die andere Richtung feststellen. Immer mehr Menschen in China schauen nach Westen, auf der Suche nach spirituellen Angeboten. Das Christentum erscheint vielen als eine Möglichkeit, ihrem Leben einen neuen Sinn zu geben. So ist es kein Wunder, dass das Christentum die derzeit am schnellsten wachsende Religion in China ist, nach wie vor sehr kritisch beäugt von den Mächtigen, aber nicht mehr zu übersehen.

Markant ist die Suche der chinesischen Christen nach eine eigenen Identität und Papst Benedikt XVI, sucht einen neuen Ton (siehe Brief des Papstes an die Katholiken in China, der am 29. Juni 2007), um dem im Sinne des *Aggiornamento* gerecht zu werden.

---

[66] Maos fromme Enkel: Chinas Christen im Aufbruch von Hanspeter Oschwald von Pattloch (Broschiert) 2008

Auch die Situation der evangelischen Christen in China ist faszinierend, denn diese wachsen – ebenso wie die Evangelikalen – besonders stark. Etlicher Beobachter prognostizieren, dass sich ein spezifisches chinesisches Christentum herausbilden und das mit der Zeit seinen Einfluss auf die chinesische Kultur und somit auch auf die globalisierte Welt gewinnen wird.
"Die chinesische Kultur, die keinen persönlichen Gott kennt, könnte zum Faktor einer kosmischen Säkularisierung in einer bereits säkularisierten Moderne werden."[67]

Eine Autorin und ein Autor schreiben interessanterweise es gäbe im chinesischen kein Wort für Religion?[68],[69] Wenn man dann nachsieht, so findet man aber doch *zōngjiào*宗教[70],[71] im Sinn von *zōng* und *jiào:* „(von) Vorfahren lehren", wie bei unserem Wort *religio,* d.h. Rückbindung an Gott, bzw. das Wissen der Vorfahren. Allerdings gibt es, wegen des vielschichtigen Bedeutungszusammenhanges, generell keine wissenschaftlich allgemein anerkannte Definition des Begriffs „Religion",[72],[73] umso mehr muss man den chinesischen Ausdruck zulassen. Übrigens schreiben Julia Ching und Hans Kung[74], dass ihrer Meinung nach sogar der moderne Konfuzianismus als Religion aufzufassen ist, was der klassischen Religionsdefinition natürlich widerspricht: z.B. Augustinus (»De quantitate animae«, 36, 80), für den die wahre Religion diejenige ist, „durch die sich die Seele mit dem einen Gott, von dem sie sich

---

[67] ebenda

[68] Was Sie unbedingt über China/Asien wissen müssen von Vera F. Birkenbihl von Moderne Verlagsgesellschaft mvg (Broschiert - November 2007), S.34

[69] Indien und China: Asiatische Wege ins globale Zeitalter von Gerhard Schweizer (Gebundene Ausgabe: 284 Seiten), Verlag: Klett-Cotta (2001),

[70] Concise English-Chinese. Chinese-English Dictionary von The Commercial Press von China Book Trading Gmbh (Kunststoffeinband - Mai 2005), S.450

[71] http://www.nciku.com/search/all/religion

[72] http://de.wikipedia.org/wiki/Religion

[73] Religion (c) wissenmedia GmbH, 2010

[74] Christianity and Chinese Religions von Julia Ching und Hans Kung von SCM Press (Taschenbuch - Oktober 1993)

gewissermaßen losgerissen hat, in der Versöhnung wieder verbindet".[75]

Schließlich kann man fragen: Hat China sämtliche Religionen allmählich sinisiert, wenn nicht assimiliert und auch, bis zu einem gewissen Grad, angepasst - dies auch um sie für Chinesen verständlicher zu machen? Sicher erfolgten und erfolgen diese Vorgänge nicht reibungslos sondern es gab schon „immer" regelrechte Streit-, bzw. Religionsgespräche (Disputationen – von jenem am 30. Mai 1254 wurde bereits berichtet) bei denen nach der Wahrheit gesucht aber auch Rivalitäten ausgetragen wurden.

Rolle der katholischen Familien[76]

Als in der Zeit der Kulturrevolution (1966-1976) Gewalt und Vandalismus ihren Höhepunkt erreichten, wurden auch die offiziellen Kirchen von Verfolgung nicht verschont. Der christliche Glaube überlebte aber diese schwere Zeit, vor allem durch den Zusammenhalt in den Familien und ging gestärkt aus der Verfolgung hervor.

Während die protestantische Kirche, deren Anhänger zu 80% (?) Christen der ersten Generation sind, formen in der katholischen Kirche die traditionell katholischen Familien den Kern der Kirche, denn in diesen wurde der Glaube weitergetragen, aus ihnen kommen die vielen jungen Männer und Frauen, die in den letzten 25 Jahren in die Priesterseminare und Schwesternkonvente eingetreten sind. Wenn man in China unterwegs ist und katholische Kirchen besucht, spürt man überall, wie tief der Glaube in der traditionellen Frömmigkeit wurzelt: Rosenkranz und Kreuzweg, Marienverehrung und Herz-Jesu-Frömmigkeit haben den Katholiken

---

[75] Religion (c) wissenmedia GmbH, 2010
[76] Aus „Schneller, höher, stärker". China und die Olympiade 2008. Evangelisches Missionswerk in Deutschland (EMW) – China InfoStelle (CIS) (Hrsg.). Blaue Reihe Bd. 13. Hamburg 2007, S. 23f, von Katharina Wenzel-Teuber

geholfen, auch schwierige Zeiten zu überstehen. In vielen Landgemeinden, die keinen eigenen Pfarrer haben, sind Rosenkranz und Kreuzweg auch heute noch die wichtigsten Formen des Gemeindegottesdienstes. Zehntausende von Katholiken nehmen an den großen Marienwallfahrten (z.B. am 24. Mai: Wallfahrt nach Shéshān) und im Oktober teil.

Viele chinesischen Katholiken stammen vom Land, aus einer Großfamilie, die seit vielen Generationen christlich ist, sich sehr stark mit der Familientradition identifiziert und in jeder Generation Priester und Ordensschwestern hervorgebracht hat. So z.B. in der nordwestchinesischen Diözese Sānyuán /Provinz Shaanxi [77] mit insgesamt 52 Kirchen, in den „katholischen Dörfern" Chinas und 8 Kirchen in der Stadt Sānyuán selbst. Oft sind 70% der Dorfbewohner Katholiken. Die Bischofskirche von Sānyuán in Tongyuanfang dürfte eine der ältesten noch bestehenden Kirchen Chinas sein, denn sie stammt aus dem Jahr 1711:

---

[77] http://www.ucanews.com/dps/html/dps-ch_sanyuan.php

Nicht sehr weit entfernt wurde um 1625 eines der frühesten Zeugnisse christlicher Präsenz in China entdeckt, die bereits erwähnte nestorianische Stele aus dem Jahr 781(siehe S.13).

Priesterseminare und Schwesternkonvente

Die Priesterseminare und Schwesternkonvente mussten in den 1980er Jahren praktisch aus dem Nichts wiederaufgebaut werden, nachdem sie mehrere Jahrzehnte lang geschlossen gewesen waren. Von den rund 1.800 Priestern im offiziellen, staatlich anerkannten Teil der katholischen Kirche und den rund 1.000 Priestern des inoffiziellen Teils im „Untergrund" (Angaben für 2005) gehören die allermeisten inzwischen zur jungen Generation, die nach 1980 ausgebildet wurde. Ebenso verhält es sich mit den 3.600 Ordensschwestern in den offiziellen und 1.200 Ordensschwestern in den inoffiziellen Konventen. Diese junge Generation hat inzwischen an vielen Orten ihre meist noch vor 1949 ausgebildeten Vorgänger in der Leitung der Kirche abgelöst. Hier drei Priester in der Hafenstadt Yāntái 烟台市:

Urbanisierung[78]

Heute spricht vieles für die Annahme, dass sich das chinesische Bevölkerungswachstum bei rund 1,7 Mrd. Menschen um Jahr 2025 einpendeln wird. Viel Aufmerksamkeit hat dabei im letzten Jahrzehnt der Strom der Wanderarbeiter erfahren, der eine wesentliche Bestimmungszahl für die Nachhaltigkeit von Lohnkostenvorteilen, nicht nur in der arbeitsintensiven Exportindustrie, sondern auch in der Bauindustrie und in den Dienstleistungen darstellt. Zu Beginn des 21. Jahrhunderts veränderte dieser Strom seinen Charakter. Während in der Vergangenheit die Wanderarbeiter grundsätzlich die Möglichkeit besaßen, in die ländlichen Räume zurückzukehren, führt der flächendeckende Urbanisierungsprozess zur neuen Erscheinung, dass nämlich infolge der raschen Zunahme eine landlose Schicht von Wanderarbeitern (ca. 100–150 Mio. Menschen) entsteht, die aufgrund der Umwidmung von landwirtschaftlicher Nutzfläche keinen Anspruch mehr auf Nutzungsrechte am Land besitzen. Das kommunistische China muss wohl den Widerspruch einer Proletarisierung der Unterschicht hinnehmen, sofern es nicht gegensteuert. Da die chinesische Regierung aber schon immer versucht hat, die Bildung von Megastädten mit Slums zu verhindern, dürfte ein mittlerer Weg gefunden werden, nämlich die Bildung von urbanen Zentren die eine Einwohnerzahl zwischen fünf und zehn Mio. Menschen aufweisen - in verschiedenen Provinzen des Landes. Diese demoskopische Neuverteilung wird den gesellschaftlichen Wandel und die wirtschaftlichen Innovationen nachhaltig prägen. Im Jahr 2025 wird möglicherweise China strukturell zwischen einem ländlich geprägten Indien und einem urbanen Lateinamerika stehen, d. h. es wird rund 850 Mio. Stadtbewohner besitzen und es wird ein regional sehr unterschiedliches Bild geben, was die Verteilung von Städten angeht: Während beispielsweise im größeren Einzugsbereich von Shànghǎi auch mittlere und kleine Städte bestehen bleiben, werden im ärmeren Westen Agglomerationen weiter zunehmen.

---

[78] http://www.eduhi.at/dl/127_wirtschaft.pdf

Alle diese Erscheinungen sind immer nur bei einer friedlichen Entwicklung vorhersehbar und bringen natürlich auch Veränderungen für die Kirche mit sich. Junge Christen sind, zumindest in den Städten, meist in den neuen Ein-Kind-Familien aufgewachsen. Die katholische Familienidentität beginnt an Selbstverständlichkeit zu verlieren, wodurch es passiert, dass junge Katholiken vom Land, die zur Arbeit oder zum Studium in die Städte ziehen, dort oft nicht mehr ihren Glauben praktizieren. Die Urbanisierung Chinas – inzwischen ein erklärtes Entwicklungsziel der chinesischen Regierung – ist also auch für die katholische Kirche eine Herausforderung.

Auch erfordert der gesellschaftliche Wandel neue Wege für die Gemeindearbeit. Die Laien müssen mehr als bisher religiös fortgebildet und in die kirchliche Arbeit eingebunden werden. Zwar sind die Teilnahme an der Liturgie und der Empfang der Sakramente den chinesischen Katholiken nach wie vor sehr wichtig, doch wünschen sich viele darüber hinaus auch neue Gebetsformen und Aktivitäten in den Gemeinden. Viele Diözesen haben sich in den letzten Jahren intensiv daran gemacht, entsprechende Programme zu entwickeln, wie Bibelgespräche in kleinen Kreisen, Sommerlager für katholische Hochschulstudenten, Jugendfahrradwallfahrten - Chinesen wallfahren gern - oder auch religiöse Fortbildungskurse für Laien.

Öffnung der katholischen Gemeinden

Lange versuchten sich die traditionell katholischen Großfamilien, bzw. Gemeinden, gegen die übrige chinesische Gesellschaft abzuschließen. In den letzten Jahren hat man jedoch an vielen Orten – nicht zuletzt durch die Urbanisierung - begonnen, ganz bewusst auf Nichtchristen zuzugehen. Städtische Gemeinden bieten Gespräche und Informationsveranstaltungen für am Christentum Interessierte an. Vielfach organisieren sich Laien, um in die Nachbarschaft zu gehen und nichtchristliche Familien zu besuchen, besonders am Land und im Winter, wenn die Bauern mehr Zeit haben. Laien spielen eine wichtige Rolle, denn sie können das

Evangelium leichter außerhalb des Kirchenraums in der Gesellschaft weitergeben, was den Priestern und Schwestern nicht erlaubt ist. Neugetaufte sind bei der Verkündigung oft besonders motiviert und engagiert. Zu Ostern und Weihnachten finden vielenorts Erwachsenentaufen (manchmal mit bis zu zweihundert Täuflingen) statt.

„Evangelisierung" hat seit dem Jahre 1991 einen festen Platz in der mit 45.000 Exemplaren auflagenstärksten, katholischen vierzehntäglichen Zeitung Xīndé (Glaube), herausgegeben von *Hebei Catholic Press* und auf katholischen Webseiten. Themen sind z.B., ob man nicht Kirchengebäude in den Städten ständig für Besucher offenhalten sollte, ob das Katechumenat mit einem Jahr nicht zu lang sei oder wie die Neuchristen nach der Taufe weiter betreut werden können. Immer wieder vergleicht man sich mit den protestantischen Christen, die nie im Ritenstreit engagiert waren und deren Zahl von 1 Mio. im Jahr 1949 auf cirka 25 Mio. im Jahr 2009 angestiegen ist.

Das Internet ist für die Religionen in China besonders wichtig, da sie in anderen öffentlichen Medien nicht publizieren oder senden dürfen.[79] Trotz des eingeschränkten Zugangs auf dem Land und der Überwachung durch die Behörden ist das Internet inzwischen eine Hauptquelle für Nachrichten aus der Weltkirche, vor allem für die Jugend. 1999 ging die erste katholische Webseite ans Netz und Ende 2006 gab es bereits mindestens 60 funktionierende katholische Webseiten in China, die von kirchlichen Verlagen, Diözesen, Priesterseminaren, Konventen und Einzelpersonen betrieben werden. Neben Nachrichten aus der Ortskirche und der Weltkirche bieten die katholischen Webseiten religiöse Materialien, die im normalen chinesischen Buchhandel nicht erhältlich sind – etwa den Text der gesamten Bibel auf Chinesisch, Einführungen in die Lehre der katholischen Kirche, in Liturgie und Sakramente, sowie weiterführende theologische und pastorale Texte. Das In-

---

[79] Aus „Schneller, höher, stärker". China und die Olympiade 2008. Evangelisches Missionswerk in Deutschland (EMW) – China InfoStelle (CIS) (Hrsg.). Blaue Reihe Bd. 13. Hamburg 2007, S. 26, von Katharina Wenzel-Teuber

ternet erlaubt so auch die Information interessierter Nichtchristen durch die Kirche und die Vernetzung der Gläubigen.

Sozialarbeit

Die Kirche muss aber auch die soziale Seite des Evangeliums vermitteln und angesichts der gesellschaftlichen Probleme ständig ein Anwalt der Gerechtigkeit sein. Erst allmählich beginnen die chinesischen Katholiken ein stärkeres Bewusstsein für ihre gesellschaftliche Verantwortung zu entwickeln. Der wirtschaftliche Umbruch hat in China zu enormen gesellschaftlichen Veränderungen und zu einem Zusammenbruch des sozialen Sicherungssystems geführt. Im Rahmen ihrer Möglichkeiten versucht daher die Kirche, in der Gesellschaft karitativ tätig zu sein: durch kleine Ambulanzen, Altenheime, Behinderten- und Waisenhäuser, Kindergärten, Arbeit mit Leprakranken etc. Allein in der Provinz Shaanxi werden über 80 meist kleinere Kliniken und 15 Kindergärten von Ordensschwestern betrieben. Auch neue Themen werden in den letzten Jahren aufgegriffen, etwa die HIV/AIDS-Prävention oder die Arbeit mit den Migranten.
Besonders hervorragend ist das von Tutzinger Benediktinerinnen, unter besonders schwierigen, bürokratischen Bedingungen - seit 1994 und bis 2009 - geführte Aimin-Spital in Méihékǒu 梅河口 in der Nordostprovinz Jílín (siehe nachfolgendes Foto). Neben den Tätigkeiten im Krankenhaus halfen die Schwestern auch inoffiziell in der katholischen Pfarrei Erbadan und Méihékǒu. Der Höhepunkt war der Bau der neuen Pfarrkirche in Méihékǒu. Außerdem errichteten sie Projekte für Kinder aus armen Familien. Ihnen wurde ein Stipendium für die Schulbildung ermöglicht. Am 30. September 2009 wurde eine neue Vereinbarung zwischen dem Aimin-Krankenhaus und den Schwestern erarbeitet, dass die begonnene Partnerschaft weitergeführt wird. Auch in Zukunft besteht die Möglichkeit, dass Schwestern und ausländische medizinische Fachkräfte für einen Kurzeinsatz nach Méihékǒu reisen, um weiter eine kontinuierliche gute Weiterbildungsqualität der chinesischen Ärzte zu gewährleisten:

Auch die Missions-Benediktiner von St. Ottilien betreiben in der Stadt Kouqian-Shuanghe ein Seniorenwohnheim. In der gleichen Provinz Jílín befand sich von 1928-1946 die Abtei Yenki (heute heißt die Stadt Yánjí):

Die chinesischen Kirchen dürfen Projektgelder aus dem Ausland annehmen. Doch ist wichtig, dass sie allmählich auch selbst ein Spendennetz für die Not in der eigenen Kirche und im eigenen Land aufbauen. Dies versucht z.B. bereits das katholische Sozialwerk *Jĭnde Charities (*紧的*)* [80], [81] in Shijiazhuang/Provinz Hebei, das unter den chinesischen Katholiken über kirchliche Zeitung und Internet um Spenden wirbt so etwa für das Schulgeld von Kindern aus armen Familien oder für Opfer von Naturkatastrophen.

Ebenso arbeitet die protestantische „Amity Foundation" in Nánjīng. Auch in Xī'ān, Shenyang und anderen Diözesen wurden inzwischen Sozialzentren gegründet. Ein wichtiges Anliegen ist jetzt die Professionalisierung der Sozialarbeit. Dafür ist das Guangqi – Sozialzentrum in Shànghăi[82] ein herausragendes Beispiel:

- Unterstützung von Schülern und Studenten durch Vergabe von Stipendien
- Hilfe zum Aufbau und finanzielle Unterstützung von Hoffnungs-Schulen und –Kindergärten
- Besuchsdienste zur Kranken- und Seniorenfürsorge
- Betreuung von Wanderarbeitern und
- Sonderprojekten, wie Waisenhäuser, Katastrophenhilfe, Flohmärkte, Buchdruck, usw.

Auf die Initiative des Bischofs von Shànghăi, Aloysius Jin Luxian, war im Juni 2005 das Vorbereitungskomitee für das Guangqi-Sozialzentrum errichtet worden und hat seine karitative Tätigkeit, wie oben beschrieben, aufgenommen.

---

[80] http://www.chinacatholic.org/english/Jinde/200824104039.htm
[81] http://www.jinde.org/
[82] http://www.china-zentrum.de/Das-Guangqi-Sozialzentrum-der-Dioezese-Shànghăi.319.0.html

Neue geistige Orientierung

Streben nach Gewinn und Konsum ist für viele Lebensinhalt, die Korruption blüht. Umweltprobleme wie Hochwasserkatastrophen, Megastaus, Industriegifte im Abwasser, „Konstruktion/Demolierung" (wie sie Guō Xiǎolǔ 郭小橹, geb. 1973 so treffend beschreibt und vom Verfasser nicht nur in Beijing sondern auch in Chéngdé 2010 erlebt wurde)[83],[84],[85] Computervieren, usw. nehmen gewaltig zu. Auch für Li Pingye von der Nationalen Einheitsfrontabteilung der kommunistischen Partei Chinas liegt der entscheidende Grund für den Aufstieg des Christentums in China in den gesellschaftlichen Umbrüchen: „China befindet sich momentan in einer enormen Umbruchphase. Die Reform des wirtschaftlichen und politischen Systems hat zu dramatisch-schmerzhaften Phänomenen geführt; einem Anstieg der Arbeitslosigkeit, einem starken Stadt-Land-Gefälle, einem immer weiteren Auseinanderklaffen der Wohlstandsschere... und zu einem erdrutschartigen Wegbruch moralischer Standards."[86]

Siehe nachfolgendes Foto einer Demolierung (bei geplanter Neukonstruktion), mit dem Wahrzeichen von Chéngdé shì 承德市 (cirka 160 km nordöstlich von Beijing) im Hintergrund, dem sogenannten "Hammerrock":

---

[83] http://www.theliberal.co.uk/issue_12/politics/china_guo_12.html
[84] Aus „Schneller, höher, stärker". China und die Olympiade 2008. Evangelisches Missionswerk in Deutschland (EMW) – China InfoStelle (CIS) (Hrsg.). Blaue Reihe Bd. 13. Hamburg 2007, S. 76f, von Guo Xiaolu
[85] http://en.wikipedia.org/wiki/Xiaolu_Guo#The_Concrete_Revolution_.282004.29
[86] Internationales Wissenschaftsforum Heidelberg, 2. – 5. März 2006

Nach Jahrzehnten politischer Kampagnen gibt es heute in China keine allgemeinverbindlichen Werte und Ideale mehr. Die KP Chinas versucht in letzter Zeit, neue Werte zu propagieren – etwa den ethischen Katalog der sozialistischen „achtfachen Ehre und Schande" und das Ideal der „harmonischen Gesellschaft", zu dessen Verwirklichung auch die Religionen beitragen sollen. Tatsächlich suchen viele Menschen wieder nach Orientierung bei den Religionen, auch beim Christentum. Manche finden den Weg in die Kirchen, andere ziehen es vor, sich privat oder im Freundeskreis mit dem Christentum und der Bibel zu beschäftigen, ohne sich taufen zu lassen (Kulturchristen).

Wissenschaft und Christentum

Die Katholische Universität Běijīng wurde 1925 von amerikanischen Benediktiner-Missionaren gegründet und nannte sich ab 1927 Fu-Jen-Universität (*Fǔrén Dàxué* 辅仁大学). Papst Pius XI. übertrug ihre Leitung am 29. April 1933 der Gesellschaft des Göttlichen Wortes. Der Völkerkundler Rudolf Rahmann war seit 1936 ihr Rektor, davor war es der amerikanische Benediktinerpriester Alfred Joseph Koch. 1949 wurde die Universität von der Volksrepublik China beschlagnahmt und 1952 in die Pädagogische Universität Běijīng (Shīfàn Dàxué 师范大学) eingegliedert. Im Jahr 1960 wurde die Fu-Jen-Universität durch die Regionale Chinesische Bischofskonferenz (天主教台灣地區主教團) in Taiwan neugegründet.

Interessant ist in diesem Zusammenhang das wachsende wissenschaftliche Interesse an Religion in China. Davon ist auch das Christentum betroffen. Eine ganze Reihe von Zentren zur Erforschung des Christentums sind an chinesischen Akademien und Universitäten gegründet worden. Das akademische Interesse an der Lehre des Christentums (wie am Buddhismus, siehe S. 13) hat dazu geführt, dass inzwischen eine große Anzahl von Artikeln und Büchern zu Theologie und Christentum von nichtchristlichen Wissenschaftlern geschrieben oder übersetzt wurden – darunter übrigens interessanterweise auch die *Einführung in das Christentum* von Joseph Ratzinger (geschrieben 1968)[87], dem heutigen Papst Benedikt XVI. Diese außerhalb der Kirchen publizierten Bücher sind in den normalen chinesischen Buchhandlungen für jedermann zugänglich, während die innerkirchlichen Publikationen nur in den Kirchen verkauft werden dürfen. Zhuo Xinping, Christentumsforscher und Leiter des Instituts für Weltreligionen an der Chinesischen Akademie der Sozialwissenschaften meint allerdings, dass die Wirkung akademischer Forschung zu christlichen Fragen in China zurzeit viel größer ist, als der Einfluss chinesischer (kirchlicher) Theologie"[88]. Die innerhalb der chinesischen Kirchen betriebene Theologie wird von den Akademikern als Dia-

---

[87] Einführung in das Christentum: Vorlesungen über das apostolische Glaubensbekenntnis von Joseph Ratzinger (Gebundene Ausgabe - 14. September 2000)
[88] China and Christianity: Burdened Past, Hopeful Future - Gebundene Ausgabe (Dezember 2000) von Stephen, Jr. Uhalley und Xiaoxin Wu von M E Sharpe Inc, S.283f

logpartner eher noch nicht ernst genommen. Eine weitere Verbesserung des theologischen Niveaus an den chinesischen Priesterseminaren (und den ausbildungsmäßig stark vernachlässigten Schwesternkonventen), könnte z.B. durch Studien und Promotion im Ausland, etc. einiges an diesem Zustand verändern. Zhuo Xinping spricht, bzw. schreibt auch öfter über die sogenannten „Kulturchristen (cultural christians)"[89] und meint damit jene, meist Intellektuelle, die sich meist keiner Gemeinde anschließen, sich jedoch mit dem Christentum beschäftigen und sich mit wesentlichen Aussagen des Christentums identifizieren. Hervorzuheben ist hier das Institut für sino-christliche Studien in Hongkong, welches mit theologischen Seminaren und religionswissenschaftlichen "Departments" einen besonderen Ort mit Freiräumen für Publikationen und Diskussionen bildet sowie eine Drehscheibe, die China mit der theologischen Wissenschaft im Westen wie im weiteren chinesischen Sprachraum (Taiwan, Hongkong und Auslandschinesen) verbindet.[90]

Religionspolitik

Das Verhältnis zwischen Staat und Religion ist in der Volksrepublik - wie schon im alten China der Kaiserzeit, mit „Ritenministerium" - durch versuchte staatliche Bevormundung über die Religionen gekennzeichnet. Von den fünf derzeit staatlich anerkannten Religionen (Buddhismus, Daoismus, Katholizismus, Protestantismus und Islam) fordert der kommunistische Staat die ideologische Unterordnung, d.h. „Anpassung an den Sozialismus" und natürlich „Patriotismus". Der Staat mischt sich, oft über die staatlichen Massenorganisationen der Religionen, d.h. im Fall der katholischen Kirche die Patriotische Vereinigung, in die Verwaltung der Gemeinden und Bistümer, die Besetzung von Ämtern, die theologische Ausbildung und viele andere Bereiche ein. Er ordnet allen hauptamtlich Tätigen, vom Bischof bis zum Seminaristen,

---

[89] Ebenda, S.290f
[90] http://www.iscs.org.hk/Common/Reader/Channel/ShowPage.jsp?Cid=4&Pid=2&Version=0&Charset=iso-8859-1&page=0

ideologische Schulungen an und versucht, die Auslands-Kontakte zu steuern. Doch erkennen die Politiker jetzt ganz pragmatisch, dass Religion nicht „Opium für das Volk", sondern Mittel zur Förderung von Ethik und Moral ist.

Verhältnis des chinesischen Staates zum Vatikan[91]

Für die katholische Kirche besteht die Schwierigkeit besonders darin, dass die chinesische Regierung ihr bereits seit den 1950er Jahren jede strukturelle Verbindung mit dem Vatikan – historisch bedingt - verbietet, denn auch der Staat vermied dorthin alle Kontakte. Die Untergrund- Kirche weigerte sich von Anfang an, sich von Rom zu trennen und mit der staatlich verordneten Patriotischen Vereinigung zusammenzuarbeiten. Sie wird vom Staat als illegal betrachtet, teils von den Behörden toleriert, teils mit unterschiedlicher Härte unterdrückt. Es gibt auch einen relativ offenen „Untergrund", d.h. Bischöfe, die vom Staat nicht als solche anerkannt und daher „illegal" sind, aber offen in einer Kirche residieren. Die Grenze zum staatlich anerkannten „offiziellen" Teil der Kirche ist fließend und wird von manchen auch als nicht mehr bedeutsam angesehen. Im Allgemeinen empfinden sich die chinesischen Katholiken (egal ob staatlich anerkannt oder nicht) noch immer als Teil der katholischen Universalkirche und zeigen dies auch öffentlich – eindrucksvoll etwa bei den Trauerfeiern für Papst Johannes Paul II. Sie wachsen trotz unterschiedlicher Standpunkte zunehmend zusammen. Es gab sowohl auf chinesischer als auch auf vatikanischer Seite immer wieder Signale und Äußerungen, dass man das gegenseitige Verhältnis verbessern wolle und an der Aufnahme diplomatischer Beziehungen interessiert ist. Bischofswahlen und -weihen sind allerdings immer noch ein kritischer Streitpunkt, denn China lehnt eine Mitsprache des Vatikans bei den Bischofsernennungen als Einmischung in innerchinesische Angelegenheiten ab. 2005/2006 wurden fünf junge

---

[91] Aus „Schneller, höher, stärker". China und die Olympiade 2008. Evangelisches Missionswerk in Deutschland (EMW) – China InfoStelle (CIS) (Hrsg.). Blaue Reihe Bd. 13. Hamburg 2007, S. 29, von Katharina Wenzel-Teuber

Bischöfe in stillschweigendem pragmatischem Einvernehmen sowohl mit Erlaubnis des Papstes als auch der Regierung geweiht, was allgemein als Hoffnungszeichen gewertet wurde. Eine starke Abkühlung in den Beziehungen brachten aber 2006 drei vom Papst nicht erlaubte Weihen, die mit zum Teil massivem Druck auf weihende Bischöfe und Bischofskandidaten erzwungen wurden. Der sino-vatikanische Dialog geht dennoch weiter. Eine Übereinkunft zwischen der VR China und dem Vatikan, die allen Seiten gerecht wird, würde das Leben der chinesischen Kirche sicher sehr erleichtern, doch dürfte auch die Aufnahme diplomatischer Beziehungen nicht alle Probleme bereinigen. Derzeit (2009/2010) sind defacto 76 Diözesen mit Bischöfen besetzt und 31 unbesetzt, so z.B. auch Chengdu, Jilin und Yantai.[92]

Frau Gao Shining von der staatlichen Chinesischen Akademie der Sozialwissenschaften in Běijīng unterstreicht interessanterweise, den positiven Aspekt von Weltkirchlichkeit im globalen Zeitalter. Die Soziologin und Religionswissenschaftlerin schrieb 2006:

„Wir sind überzeugt: Wenn die chinesische katholische Kirche weiter den Geist von Reform und Öffnung entfaltet, den Austausch mit dem Ausland und die Dynamik des nach draußen Gehens und nach drinnen Einladens weiter verstärkt, und wenn sie im Bereich von Publikation, Erziehung und Wissenschaft die Entwicklungstendenzen in der vatikanischen Kurie und die breiteren Entwicklungen in vielen Bereichen der katholischen Weltkirche beachtet, dann wird sie ihren Rückstand im Verständnis der aktuellen Situation der Weltkirche und des Geistes des 2. Vatikanischen Konzils mit der Zeit aufholen und damit auch in der Lage sein, zur harmonischen Entwicklung der sich im Zeitalter der Globalisierung befindenden chinesischen Gesellschaft ihren gebührenden Beitrag leisten."

---

[92] China heute XXIX (210), Nr.1, S.23

Verhältnis von Christentum und Staat: [93]

ist zwiespältig, denn

- einerseits mischt sich der Staat über von ihm errichtete Organisationen massiv in die Verwaltung der Gemeinden und Bistümer, die Besetzung von Ämtern sowie die theologische Ausbildung des kirchlichen Personals und viele andere Bereiche ein. Die verantwortlichen Leiter und das auszubildende Führungspersonal müssen an ideologischen Schulungen teilnehmen. Auslandkontakte werden strikt überwacht. Jedoch haben sich bei allen fünf Religionen, bzw. Philosophien Gruppen gebildet, die diese strenge Kontrolle und Bevormundung durch staatliche Organe nicht akzeptieren. Sie lassen sich nicht registrieren und weigern sich, mit dem Staat zusammenzuarbeiten. Sie gelten deshalb als „illegal" und setzen sich damit der Verfolgung aus. In manchen Gebieten sind diese „inoffiziellen Gruppierungen" einer anerkannten Religion sogar zahlenmäßig stärker als die registrierten Gemeinden. Die Behörden stellen sich zu diesen „illegalen" Gruppierungen teilweise tolerant und lassen sie gewähren, vielerorts aber werden sie mit unterschiedlicher Härte verfolgt und unterdrückt. Ihre Versammlungsorte werden als „illegale Bauten" zerstört, die Organisatoren mit Geldstrafen belegt oder sie werden unter Einsatz von Gewalt von den Sicherheitsbehörden festgenommen und zu Gefängnisstrafen verurteilt. Die christlichen Kirchen bilden dabei keine Ausnahme. Bei den Katholiken spricht man dabei meist von den so genannten „Untergrundkirchen", bei den Protestanten von den „Hauskirchen", eigentlich wirklich „Kirchen ohne Kirche", wie die *Neue Züricher Zeitung* schrieb. Hauskirchen befinden sich besonders auch in Běijīng, wo auf ca. 50.000 Christen nur 17 Drei-Selbst-Kirchen kom-

---

[93] *Zeitzeichen - evangelische Kommentare zu Religion und Gesellschaft,* März 2008, P. Anton Weber SVD, S. 30f

men und diese daher am Sonntag stets überfüllt sein sollen. Die offizielle Anerkennung dieser Kirchen ist schwierig, vor allem wenn deren Pastor nicht die Drei-Selbst-Schulung mitgemacht hat und so müssen diese immer noch von einem Platz zum anderen wandern. Der Vorteil ist, dass diese Gemeinschaften überschaubar sind und z.B. Diskussionen oder Kontakte mit den Nachbarn leichter stattfinden können.[94]

- Andererseits brachte die größere Liberalisierung Chinas in den 1980er Jahren auch für die Religionen eine politische Lockerung und mehr Freiheit in der religiösen Betätigung und kirchliches Eigentum wurde schrittweise zurückgegeben. Die christlichen Kirchen versuchten den erweiterten Freiraum für den Wiederaufbau voll auszunützen, sodass sich die Zahl der Gläubigen beachtlich vermehrte. Auch das Glaubenszeugnis bewusster Christen erzeugte bei den Menschen - die Halt und Orientierung suchten - großes Interesse.
- Dem chinesischen Staat konnte dieser zunehmende Drang der Menschen zur Religion und zum Christentum, nicht entgehen, vor allem wenn er sogar Parteimitglieder erfasste. Das Auftreten der Religion wurde erneut in der Geschichte als Bedrohung oder zumindest als Herausforderung angesehen. Um einem zu großen Einflusses der Religion auf Kosten der Machtposition der Partei vorzubeugen, wurden Bestimmungen erlassen, welche die Kontrolle verstärkten, außerdem sollten die Kräfte der Religion noch konsequenter unter der Fahne des Patriotismus für die Zwecke des neuen Sozialismus chinesischer Prägung eingesetzt werden.

Zusammenfassung des rechtlichen Rahmens:

Dieser wurde, durch die Resolution des Ständigen Komitees des Nationalen Volkskongresses über das Verbot häretischer Organi-

---

[94] http://www.chinadaily.com.cn/cndy/2010-03/17/content_9600333.htm

sationen sowie die Verhütung und Bestrafung häretischer Aktivitäten, ab 30.Oktober 1999 gesteckt.[95]

26.09.2000 – regelt religiöse Aktivitäten von Ausländern in China[96]
30.11.2004 – Erlass von Vorschriften für religiöse Angelegenheiten[97],[98]
21.04.2005 – Maßnahmen für die Genehmigung der Errichtung und die Registrierung religiöser Versammlungsstätten[99]
11.2005 – Erlass neuer Bestimmungen für Wallfahrten chinesischer Muslime nach Mekka[100]
29.12.2005 – Eintreten neuer Bestimmungen für religiöse Amtsträger und die Besetzung religiöser Ämter[101]
01.09.2007 – Vorgeschriebene Maßnahmen für die Errichtung religiöser Ausbildungsstätten[102],[103]
01.09.2007 – Religionspolitische Vorschriften für Reinkarnationen und Ausbildungsstätten[104]

---

[95] http://www.china-zentrum.de/30-10-1999-Resolution-des-Staendigen-Komitees-des-Nationalen-Volkskongresses-ueber-das-Verbot-haer.106.0.html
[96] http://www.china-zentrum.de/26-09-2000-Religioese-Aktivitaeten-von-Auslaendern-in-China.107.0.html
[97] http://www.china-zentrum.de/30-11-2004-Vorschriften-fuer-religioese-Angelegenheiten.158.0.html
[98] China Heute XXIV (2005), Nr.1-2, S.22f
[99] http://www.china-zentrum.de/21-04-2005-Massnahmen-fuer-die-Genehmigung-der-Errichtung-und-die-Registrierung-religioeser-Versam.109.0.html
[100] http://www.china-zentrum.de/11-2005-Neue-Bestimmungen-fuer-Wallfahrten-chinesischer-Muslime-nach-Mekka.110.0.html
[101] http://www.china-zentrum.de/29-12-2005-Neue-Bestimmungen-fuer-religioese-Amtstraeger-und-die-Besetzung-religioeser-AEmter.156.0.html
[102] http://www.china-zentrum.de/01-09-2007-Massnahmen-fuer-die-Errichtung-religioeser-Ausbildungsstaetten.203.0.html
[103] *China heute* 2008, Nr. 1-2, S. 20-22.
[104] http://www.china-zentrum.de/01-09-2007-Religionspolitische-Vorschriften-fuer-Reinkarnationen-und-Ausbildungsstaetten.112.0.html

Beim 17.Kommunistischer Parteikongress im Oktober 2007[105] war man sich aber bewusst: Vor allem sind die Defizite beim Aufbau eines funktionierenden Rechtssystem in der mangelnden Umsetzung der Gesetze durch die lokalen Parteifunktionäre begründet. Ganz im Sinne des chinesischen Sprichwortes „Die Berge sind hoch und der Kaiser ist weit" suchen diese nicht selten ihre im Zuge der Dezentralisierung erhaltene Autonomie für ihre lokalen wirtschaftlichen Interessen, auf Kosten der langfristigen Stabilität des Landes, zu schützen.

Warum werden sie Christen?

Nun soll der Frage nachgegangen werden, was das Interesse weckt und warum Chinesen Christen werden? Ist dafür Intellekt, Charisma, Freude oder gar Leid ausschlaggebend?

Vorweg ein Zitat der Ehefrau Liú Xiǎ des Friedensnobelpreisträgers 2010 Liú Xiǎobō, nach einem Gefängnisbesuch bei diesem: *„Er liest nach wie vor viel. Ich habe ihm auch die Bibel und andere religiöse Bücher, zum Beispiel des Theologen Dietrich Bonhoeffer, ins Gefängnis gebracht. Wir sagen zwar nicht, dass wir Christen sind, aber es tut unserem Herzen gut".*[106]

Im August 2010 hat die Chinesische Akademie der Sozialwissenschaften das erste Mal Zahlen über die Christen in China veröffentlicht:[107]
Der Bericht zeigt, dass deren Zahl rund 23 Millionen beträgt und schnell zunimmt. Die große Mehrheit von 98,5 Prozent der chinesischen Gläubigen, und da besonders die Landbevölkerung, bekennt sich zum Christentum - einer für sie ausländischen Religion - aus zweckbezogenen Gründen und nur zu etwa 15% aus familiären Traditionen. Dem Bericht zufolge fanden 68,8 Prozent chinesischen Christen aufgrund "eigener Krankheit oder der von Fa-

---

[105] http://www.feschina.net/Files/Parteitag.pdf
[106] *Christ in der Gegenwart*, 2010, S.475
[107] http://german.china.org.cn/fokus/2010-08/12/content_20696604.htm

milienangehörigen" zum Christentum. Je älter der Befragten sind, desto häufiger erfolgt diese Antwort, d.h. über 65 Jahre machen sogar 80 Prozent diese Aussage.
Untersucht man die Ausbildung, so hat nur die Hälfte der Christen die Grundschule absolviert und haben nur 2,6 Prozent aller Christen in China eine Hochschule besucht. Nun vermehren sich die Christen zwar ständig, aber es zeigt sich, dass sich die Christengemeinde in der Randzone der chinesischen Gesellschaft befindet und der Christenglaube dort eine "Religion der Armen" ist. Es heißt da: "Die meisten Christen, nämlich alte Menschen und Frauen, gehören zur schwachen Schicht der Gesellschaft". Viele junge Bauern wandern zur Arbeit in die Städte, zurück bleiben in den ländlichen Gebieten alte Menschen, Frauen und Kinder. Der Glaube sei deshalb zu ihrer seelischen Stütze geworden und das erklärt vielleicht auch, warum 70 Prozent der chinesischen Christen heute Frauen sind.

Dies erinnert an die Ausbreitung des Christentums im 2. Jahrhundert im Römischen Reich: Damals erklärten sich die Erfolge zum großen Teil aus der christlichen Lehre selbst und dem karitativen Wirken der missionierten Christen (zusammengefasst z.B. in 1Kor13,1f mit dem Gebot der Liebe, bzw. auch in der Erlösung der Menschen, die an ihn glauben, durch den Sohn Gottes und sein ganzes Vorbild bis zur Selbsthingabe). Trotz der Gefahren, denen sie ständig ausgesetzt waren, fanden viele Menschen im Christentum ihr persönliches Glück. In der christlichen Gemeinschaft fühlten sie sich anerkannt und geborgen. Im Falle der Not konnten sie sicher sein, dass sie von ihren Glaubensbrüdern unterstützt wurden. Vor dem 3. Jahrhundert versammelten sich die christlichen Gemeindemitglieder ebenfalls in Privathäusern zum Gottesdienst (so bestand die älteste Kirche Roms San Martino di Monti nur aus einem einfachen rechteckigen Saal in einem römischen Privathaus - Hauskirche).

Laut einem Bericht in „China Daily"[108] gibt es landesweit ca. 55.000 Kirchen (von ganz klein bis zu einer Größe von 8.000 Gläubigen). Das Wachstum ist zwar in Ostchina stärker, doch gibt es auch Glaubensinseln der bäuerlichen Minderheiten, wie z.B. der Miáo 苗族(in Fumin/Yunnan/Südwestchina), wo die 1881 durch britische Missionare getauften Einwohner, den wirtschaftlichen Fortschritt auf das Christentum zurückführen (durchschnittliches Jahreseinkommen 176 $/Person).[109]

Berührung mit den vier großen Religionen/Philosophien:

Eine Ähnlichkeit zu den anderen vier großen Religionen, bzw. Philosophien ist zwar in manchen Bereichen festzustellen (siehe unten) und würde die Konversion erleichtern, ist aber nicht markant und Philosophie ist bei diesen Menschen sicherlich nicht wissenschaftlich sondern im Sinne von Menschen- und Wirklichkeitsliebe zu verstehen.

Das Christentum hat, ohne allzu wissenschaftlich darauf eingehen zu können, folgende Berührungspunkte in Bezug auf:

1. den Daoismus

    – Christus der heilige Gottes (Mk1,24; Lk4,34; Joh6,69) oder „Heilige Herrscher", einem Ausdruck der auch im Daodejing zu finden ist.
    – Der „Weg" zum Heil (Joh14,6).
    – Bergerfahrung als heilige Orte, sei es das Gebet am Berg (Mt14,23; Joh4,20 und 6,15), die Bergpredigt (Mt5,1) oder die Verklärung Jesu (Mt17,1), usw. Es gibt fünf heilige, wirkkräftige (líng qì 灵气) Berge des Daoismus.

---

[108] http://www.chinadaily.com.cn/china/2010-08/12/content_11141208.htm
[109] http://www.chinadaily.com.cn/cndy/2010-02/23/content_9486376.htm

- Selbstdisziplin (Gal5,23; 2 Petr1,6) als wǔshìdào 武士道 für die Wǔshù 武术 „Kampfkunst" entscheidend.
- Ideal der Kinder (Mt18,3), im Daoismus der neugeborenen Kinder.
- „Ewiges Leben" bedeutet im Juden- und Christentum „Sein bei Gott", beim religiösen Daoismus die Unsterblichkeit (不朽 bùxiǔ). So ist Joh4,14: „vielmehr wird das Wasser, das ich (Jesus) ihm gebe, in ihm zur sprudelnden Quelle werden, deren Wasser *ewiges Leben* schenkt", im Dao als Einfügen in den Kreislauf der Natur, bzw. den natürlichen Lauf der Dinge zu verstehen... Schon die Langlebigkeit (壽 shòu) stellt für die Chinesen traditionell ein bedeutendes Ziel dar.

2. den Konfuzianismus, bzw. Neokonfuzianismus

- eine hierarchische Ordnung (besonders im katholischen Christentum)
- Gleichnisse.
- Apostel waren Fischer, etc. - Sozialer Aufstieg ist auch für Menschen niederer Herkunft durch Bildung/Ausbildung möglich, schreibt der Neo-Konfuzianer Xúnzǐ 荀子, (geb. etwa 298 v. Chr.; gest. etwa 220 v. Chr.).
- Gemeinwohl gōng 公 geht über Eigenwohl (Mk7,9-13) sī 私, doch gibt es da auch chinesische Gegner, z.B. Mòzǐ 墨子 der Rechtschaffenheit und Gerechtigkeit anzielt.
- einen „edlen Herrschersohn" (jūnzǐ 君子), heute vielleicht eine Art königlicher Gentleman.
- „du sollst Vater und Mutter ehren" (Mt15,4 und 19,19), d.h. ehre deine Vorfahren...
- In der Tradition des Thomas von Aquin spielt die Vernunft eine große Rolle, um den Glauben zu fin-

den, den er auch rational begründet – da gibt es Berührungspunkte mit Konfuzius.
- Gute innere Gesinnung (2Kor6,6; Phil1,17) ähnlich dem lǐ 里, der inneren Sittlichkeit des Konfuzius.

3. den Buddhismus

- die Mahayana-Schule, Chinas sieht die Möglichkeit einer „stellvertretenden Erlösung" (Lk1,68) des Menschen durch Bodhisattvas (insbesondere die häufig verehrte Göttin der Barmherzigkeit Guanyin und Buddha Amitabha) vor, wodurch dem Einzelnen ein erheblich geringeres Maß an nur durch Askese und Meditation zu erlangender spiritueller Reife abverlangt und eine stärkere Hinwendung zum irdischen Leben ermöglicht wird. Auch im Chan-Buddhismus sind diesseitige Elemente relativ stark ausgeprägt (entstand durch die Begegnung des Buddhismus mit dem Daoismus und dem Konfuzianismus und fordert die Übermittlung der Lehre nicht mit Hilfe von Schriften, sondern von Meister zu Schüler und „von Herz zu Herz", um zur inneren – meist plötzlichen - Erleuchtung zu kommen).
- der „Heilige Geist" (Mk13,11) ist nach einem der größten Chan-Meister Huángbò Xīyùn 黃檗希運 (gest.850): die höchste Wirklichkeit und der universelle Geist, der allem zugrunde liegt und der ohne jegliche Attribute sei. Der Geist sei der Schöpfer aller Dinge und die Quelle wahrer Weisheit und durch Nichtdenken könne man zu ihr zurückkehren und den universellen Geist durch direkte Intuition erfahren.
- Werte wie Achtsamkeit, Anstrengung, oder Ehrlichkeit auch die Überwindung menschlicher negativer Eigenschaften wie Gier, Zorn, Hass, Überheblichkeit, Geiz, Neid, Maßlosigkeit. Viele Christen und Buddhisten verbindet ihr Engagement für den Frie-

den, die Gerechtigkeit und die Bewahrung der natürlichen Lebensgrundlagen, denn Leben ist für beide Religionen mehr als das Ansammeln materieller Güter....
- Barmherzigkeit der Mutter Gottes Maria und der erwähnten Göttin der Barmherzigkeit Guanyin.

4. den Islam

- Glaube an den einen Gott, Schöpfer der Welt
- Verkündigung der Geburt des Christus gegenüber Maria und seine Geburt unter einer Dattelpalme
- Die zehn Gebote finden sich in Sure 17,22-38 wieder
- enge Verbindung zwischen Gebet und sozialem Engagement, bzw. Hinwendung zu den Armen
- Die Gewissheit, das ewige Leben zu erben, die kindlich-vertrauensvolle Beziehung zu Gott, dem Vater, der selbst in seinem Wesen Liebe ist und deshalb Liebe zum Nächsten und sogar zum Feind schenkt, das sind Berührungspunkte...

GEBETE:[110] **Vater unser** 主禱文 (zhǔdǎowén – Gottes-Gebet)

---

[110] http://www.china-zentrum.de/Gebete.34.0.html?&L=0

Traditionell:

主禱文 我們在天上的父，
願人都尊祢的名為聖，
願祢的國降臨，
願祢的旨意行在地上，
如同行在天上。
我們日用的飲食，
今日賜給我們，
免我們的債，
如同我們免了人的債，
不叫我們遇見試探，
救我們脫離兇惡，
因為國度、權柄、榮耀，全是祢的，
直到永遠。阿們！[111]

---

[111] http://www.prayer.su/chinese/traditional-v2/

Vereinfacht:
主 祷 文 我们在天上的父，愿人都尊你的名为圣。
愿你的国降临。愿你的旨意行在地上，如同行在天上。
我们日用的饮食，今日赐给我们。
免我们的债，如同我们免了人的债。
不叫我们遇见试探，救我们脱离凶恶。
因为国度、权柄、荣耀，全是你的，直到永远，阿们。[112]

Oder in Pinyin:
Zhǔdǎowén: Wǒmen zài Tiānshàng de fù
yuàn rén dōu zūn nǐ de míngwéi shèng
Yuàn nǐ de guó jiànglín
yuàn nǐ de zhǐyì háng zài Dìshàng,
rú tóngxíng zài Tiānshàng.
Wǒmen rìyòng de yǐnshí, jīnrì cìgěi wǒmen
Miǎn wǒmen de zhài,
rútóng wômen miǎnle rén de zhài
Bú jiào wǒmen yùjiàn shìtàn,
jiù wômen tuōlí xiōng'è.

yīnwèi guódù, quánbǐng, róngyào, quánshì nǐ de, zhídào yǒng yuǎn. A - men!

Auferstehen[113]
Von Bai Hua 桦
Für Gott, der am Kreuz verblutete,
ist der Tod das Erlöschen unendlicher Schmerzen,
das geballte Erleben irdischen Leidens,
die Vollendung der Idee des großen Mitleids.

---

[112] http://www.prayer.su/chinese/simplified/
[113] Das Gedicht *Auferstehen* („Zai sheng") von Bai Hua _桦 wurde kurz nach dem Tiananmen-Massaker geschrieben. Die deutsche Übersetzung wurde von Barbara Hoster erstellt. Hier zitiert nach The Chinese Face of Jesus Christ, Volume 3b, Roman Malek (Hrsg.), S. 1638. Für den chinesischen Text siehe http://www.fireofliberty.org/aricle/143.asp.

Für die kleinen Gräser, vom Schneesturm niedergedrückt,
ist der Tod die tiefste Demütigung durch tyrannische Gewalt,
das Gefühl ohnmächtiger Wut,
die Erfahrung gebrochenen Widerstands.
Doch Gott und die kleinen Gräser können auferstehen,
wenn sich die Frühlingstränenfluten über die Erde ergießen,
Gott lächelnd vom Kreuz herabsteigt
und die Gräser ihre schwachen, doch standhaften Halme aufrichten.
Dann muss die Auferstehung ein würdiges Fest werden,
Preisgesänge und Leben – allerorten. Shànghǎi, 6. Juni 1989

Saat und Ernte[114]
Von A Cai
Pastorin und Dichterin der Nationalen Minderheit der Miáo.

Die alten Tage haben sich verabschiedet.
Was bleibt, ist Häutung und eine leichte Bitterkeit.
Du und ich, wir lernen still zu sein.
Wir haben uns gerade erst entdeckt.
Getan war zu wenig, gesprochen zu viel.
Lass uns nun das Morgen erforschen.

Die Wege der Zukunft sind uns noch fremd.
An welchem Ufer wird unser Schiff anlegen?
Atme in vollen Zügen jedes kostbare Erleben!
Fühle den Pulsschlag unserer Zeit,
dann wirst du Worte und Taten verstehen
und auch dich selbst einschätzen können.

Wir wollen die Jahre nicht vergeuden.
Der Heilige Geist bringt uns in Bewegung.
Zögere nicht, weil du meinst,
die Jahreszeit wäre falsch

---

[114] Monika Gänßbauer im Auftrag von EMW und China Infostelle hg., Christentum chinesisch in Theorie und Praxis, Breklum 2003

oder der Boden zu karg.
Lass uns säen und es willig tun,
dann werden wir einst mit Freuden ernten.

Zu dir allein[115]
Von Xing Yue
Zu dir allein, Gott,
kann ich in meinem Leben
mit allen Fragen kommen -
du meine Hoffnung für und für.

In unzähligen Nächten
kam ich ungetröstet zu dir
und du warst mir Licht und Trost.
Du hast dich meiner
tiefen Unwissenheit erbarmt.
Wo Egoismen herrschten,
hast du Großmut geweckt.
Du hast mein verschüttetes Gewissen
wieder zum Vorschein gebracht,
den schwachen Glauben mir gestärkt
und alle Schuld vergeben.

Ich kann nicht sagen,
wie oft ich zu dir kam,
weinend oder heiter.
Doch jedes Mal warte ich voll Sehnsucht
auf die nächste Begegnung mit dir.

Bittgebet[116]

---

[115] Monika Gänßbauer im Auftrag von EMW und China Infostelle hg., Christentum chinesisch in Theorie und Praxis, Breklum 2003, S.195
[116] Monika Gänßbauer im Auftrag von EMW und China Infostelle hg.. Christsein in China. Chinesische Stimmen aus Kirche und Forschung, Breklum 2000, S. 1

Von Wang Lingsang
Mein Herz ist verhärtet,
Schatten des Todes liegen wie Eishauch darauf.
Unter den Strahlen deiner Wahrheit lass' mein Herz
wie unter Frühlingssonne zu sich kommen, o Herr.

Meine Augen sind trüb,
dabei bin ich noch gar nicht lang auf der Welt.
Berühre mich, Heiliger Geist, bring' die Tränen des Schmerzes
zum Fließen und wasche mich rein.

Zerstört sind meine Ohren vom Gerede der Welt,
so dass kein Wort der Gnade durchdringen kann.
Herr, bereite deinem Wort einen Weg,
dass ich es höre wie heiligen Wind.

An meiner Zunge klebt Lüge wie Kohlenstaub,
zwischen den Zähnen quillt sie hervor.
Käme deine Wahrheit mir wie Feuer von den Lippen,
gäbe sie mir neue Worte für diese Welt.

Ich nenne zwei geschickte Hände mein,
sie spielen flink auf, unter Lampions, zum dunklen Wein.
Tauche sie in heiliges Wasser, o Herr,
dass sie dich preisen bis an die Enden der Welt.

Füße gehören mir, schnell wie der Wind,
nehmen weite Wege in Kauf für Luxus und ein Nest.
Strecke deine Hand nach mir aus,
dass ich das Wohl aller sehe,
und führe mich in Frieden
auf den richtigen Weg.

Nachtduft[117]
Von Xu Fei

In Frühlingsregen und Wind
hat sich die Nacht eingeschlichen.
Sturm hat kleine Blüten aufgetan.

Ich frage euch: Wozu?
Ihre Schönheit, ihr Duft
werden ewig unbesungen bleiben.

"Nicht, dass ich verstanden werde,
sondern dass ich verstehe",
hat Franz von Assisi gebetet.

In einem chinesischen Weisheitsbuch heißt es:
"Welcher Mensch ist wahrhaft klug?
Der nicht verletzt ist,
wenn man ihn verkennt."

Die Bibel rät,
lass deine Linke nicht wissen,
wenn deine Rechte Gutes tut.

In unserem Handeln soll Leben überfließen.
So wie sich manche Blumen
fraglos öffnen des Nachts.

Reisesegen[118]

---

[117] Monika Gänßbauer im Auftrag von EMW und China Infostelle hg.. Christsein in China. Chinesische Stimmen aus Kirche und Forschung, Breklum 2000, S. 116
[118] Monika Gänßbauer im Auftrag von EMW und China Infostelle hg.. Christsein in China. Chinesische Stimmen aus Kirche und Forschung, Breklum 2000, S. 117

Von Deng Xiaobin
Wer einen Ankerplatz hat, dessen Schiff läuft auch aus.
Kein Hafen ist denkbar ohne die Weite des Meers.
Die Zeit drängt zum Abschied, unbarmherzig -
egal, ob deine Zeit hier mit Tränen und Schmerz
oder Freundlichkeit Gottes gefüllt war.

Ich will dir nicht zu viel Segen mit auf den Weg geben.
Du weißt, keine Route hält nur gutes Wetter bereit.
Du wirst Sonnenlicht spüren und wütende Gischt.
Denn untrennbar hat das Leben beides bemischt:
Menschen und Erlebnisse, die du dir wünschst,
mit Unerbetenem, Unerfreulichem,
das dich straucheln, stürzen, kämpfen lässt,
aber auch stärker, getröstet und mutiger macht.

Nicht nur persönliches Wachstum wartet auf dich -
eine komplizierte Gesellschaft, eine Welt im Wandel,
verletzte Seelen und Kräfte, die nicht zum Guten sind.
Möge dir Gott all das klar und durchsichtig machen.
Der Herr des Lebens gebe dir Wahrheit und Gnade.
Gnade für die Kraft, Dinge anzugehen.
Wahrheit, um herauszufinden, wie.

Und vergiss nie: Gott ist auf keinen Ort
dieser Erde begrenzt. Wohin du auch gehst,
was immer du aus deinem Leben machen magst -
lass dich nicht trennen von ihm, der das Ziel
und der Grund deines Lebens ist.

Verkündigung

Dem Autor dieses Buches war es wichtig auf seinen Reisen (außer nach Tibet, die Innere Mongolei, Jílín und Heilongjiang) selbst Kirchen zu besuchen und fand diese fast in jeder größeren Stadt mit Ausnahme der Stadt Kaschgar/Xinjiang (mit ca. 75% moslemischen Uiguren, Stand: 2000). Wenn auch die großen Kirchen in den Stadtplänen eingezeichnet waren, so waren sie nicht immer leicht zu finden, doch wenn man (in gebrochenen Chinesisch) danach fragte, so waren die Leute stets hilfsbereit – so gut es eben ging. Erstaunlich war, dass wirklich so viele Kirchen unter der Kulturrevolution gelitten haben, nun aber schon in sehr gutem Zustand sind.

Hier folgt nun eine Reihe interessanter Gotteshäuser:

Kirchen in Běijīng:

Südkirche
(宣武门天主堂-Xuānwǔmén Tiān Zhǔtáng, bzw. Nántáng-Kathedrale der Unbefleckten Empfängnis Mariens)

Die Kathedrale ist die älteste Kirche in Běijīng. Ursprünglich von dem italienischen Jesuiten Matteo Ricci als kleine Kapelle an seinem Wohnort erbaut, wurde 1650 an dieser Stelle unter der Aufsicht des deutschen Jesuitenmissionars Adam Schall von Bell, der zu dieser Zeit Direktor des Amts für Astronomie und Kalender war, die erste große Kirche Běijīngs erbaut. Auf dem Gelände befanden sich zudem noch ein astronomisches Observatorium und eine Bibliothek.

1690 wurde Běijīng zur Diözese erhoben. Der erste Bischof, Bernardin della Chiesa, machte die Südkirche zu seiner Kathedrale.

Im Jahr 1703 wurde die Kirche im europäischen Stil von Grund auf renoviert, aber bald darauf von zwei Erdbeben (1720 und 1730) und von einer Feuersbrunst (1775) zerstört. Nach jeder Zerstörung gaben die jeweiligen Kaiser (Kāngxī, Yōngzhèng und Qiánlóng) Geld für den Wiederaufbau.

Nachdem die Kirche 1838 durch Kaiser Dàoguāng (Regierungszeit: 1820-1850) geschlossen worden war, wurde sie nach dem zweiten Opiumkrieg 1860 wiedereröffnet, der Bischofssitz jedoch zur Nordkirche verlegt.

Am 14. Juni 1900 brannten die Boxer die Kirche bis auf die Grundmauern nieder. Sie wurde 1904 im gleichen Stil wieder aufgebaut. Dies ist die Kirche, die man auch heute noch bewundern kann.
Die Kirche wurde erneut Bischofssitz, als Bischof Yao Guangyu 1959 der erste unabhängig gewählte und geweihte Bischof der Diözese wurde.
Während der Kulturrevolution wurde die Kirche geschlossen, 1979 aber offiziell wieder eröffnet. Seit 1971 gab es aber bereits wieder Gottesdienste für ausländische Diplomaten, Besucher und Überseechinesen.

Der neue Bischof der Diözese Běijīng, Li Shan, wird den Bischofssitz wieder zur Nordkirche verlegen.

Adresse: Qianmen Xi Dajie 141, Xicheng Bezirk, U-Bahnstation: Xuanwumen, **Messen**: Sonntags: 6:00, 7:00 und 8:30 (Chinesisch), 10:30 und 16:00 (Englisch)
      Werktags: 6:00, 6:30 und 7:15h (Chinesisch), Samstags: 18:30h (Chinesisch)

Ostkirche
(王府井 天主堂/ **Wángfǔjǐng-, Dōng táng** 东堂 **bzw. St. Josephs-Kirche**)

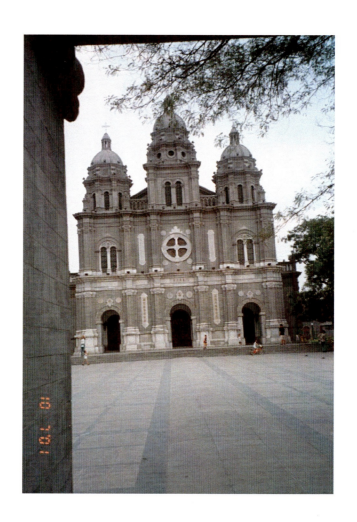

Die sogenannte Ostkirche wurde als zweitälteste Kirche Běijīngs 1655 von den portugiesischen Jesuitenmissionaren Louis Buglio und Gabriel de Magalhães erbaut.

1720 wurde die Kirche bei einem Erdbeben zerstört, aber im Jahr darauf wieder aufgebaut. Unglücklicherweise konnten aber die Gemälde des berühmten Jesuiten Giuseppe Castiglione nicht wieder hergestellt werden.

1807 wurde die Kirche durch ein Feuer zerstört. Die Missionare hatten beschlossen, ihre wertvollen Bücher an einen sichereren Ort zu transportieren. Um unnötige Aufmerksamkeit zu vermeiden, arbeiteten sie nachts. Als jemand unbeabsichtigt eine brennende

Öllampe umstieß, brannte das Wohnhaus bis auf die Grundmauern nieder, und die Kirche wurde ebenfalls zerstört. In der Hoffnung, dass der Kaiser zur Wiederherstellung der Kirche beitragen würde, wandten sich die Priester an den Hof. Aber stattdessen ließ Kaiser Jiāqìng (Regierungszeit:1796-1820) den Kirchenbesitz und alle dazugehörigen Gebäude konfiszieren. Die Kirche wurde endgültig zerstört und aufgegeben.

Als 1860 nach dem zweiten Opiumkrieg der Kirche ihr Besitz zurückgegeben wurde, war von der ehemaligen Ostkirche nur noch das Tor der Umfassungsmauer übrig.

Für den Übergang wurden einfache Bauten als Kapelle und Wohnhaus errichtet, bis 1884 der damalige Bischof Louis Gabriel Delaplace eine neue Kirche im romanischen Stil errichten ließ.

Aber nach nur zehn Jahren wurde sie am 13. Juni 1900 von den aufständischen "Boxern" erneut niedergebrannt. 1904 wurde dann die jetzt noch erhaltene Kirche gebaut, um die zerstörte zu ersetzen.

Am 21. August 1966 wurde die Kirche zu Beginn der Kulturrevolution geschlossen und erst 1980 wieder für das religiöse Leben geöffnet. Bis dahin war sie als Grundschule genutzt worden.

Im Zuge der Verschönerung und des Umbaus der Wangfujing-Straße zur Fußgängerzone wurde auch die Ostkirche im Jahr 2000 komplett renoviert und erstrahlt seitdem in neuem Glanz. Innen befindet sich ein Christus 耶稣基督 [yē sū jī dū] mit goldenen Haaren, und Maria 玛利 [mǎlì yà]:

Sie ist auch eine beliebte Hochzeitskirche:

Adresse: Wangfujing Dajie 74, Dongcheng Bezirk, **Messen:** Sonntags: 6:30, 7:00, 8:00, 18:30h, Werktags: 6:30, 7:00h

Nord-Kirche oder Xīshíkù - Kathedrale

(西什库天主堂) Die allgemein als die **Beitang** (北堂) bezeichnete Nordkirche ist eine der größten und eine der ältesten Kirchen Běijīngs und war für einige Zeit auch der Bischofssitz der Hauptstadt.

Ursprünglich stand die Kirche am Westufer des Canchikou-Sees. Das Grundstück war aus Dankbarkeit den Jesuiten 1693 von Kaiser Kāngxī (1662-1722) geschenkt worden, nachdem ihn unter anderem Jean-Francois Gerbillion von der Malaria geheilt hatte. Der Kaiser präsentierte den Jesuiten zudem zum Dank zeremonielle Rollen mit der Inschrift: "Der wahre Ursprung aller Dinge". Es dauerte vier Jahre, die Kirche zu errichten, bis sie am 9. Dezember 1703 geweiht wurde. Nachdem der Jesuitenorden 1773 durch den Papst aufgelöst worden war, übernahmen die Lazaristen die "französische Mission".

1827 wurde die Nordkirche durch ein Dekret des Kaisers Dàoguāng konfisziert. Das Kirchengelände wurde an einen Hofbeamten namens Yu verkauft, der die Kirche abreißen ließ. Kaiser Xiánfēng erstattete der katholischen Kirche das Grundstück 1860 zurück, und sechs Jahre später entstand eine neue und größere Kirche an dieser Stelle.

Als 1887 der Kaiserpalast erweitert wurde, befand sich die Nordkirche innerhalb der Verbotenen Stadt. Die Kirche musste aus diesem Anlass an ihren heutigen Standort Xishiku verlegt werden und im selben Jahr wurde dort die neue Kirche errichtet.

Während des Boxeraufstandes 1900 wurde der Glockenturm der Kirche beschädigt, aber später repariert und vergrößert. Zwei Monate lang wurde die Kirche von den Boxern belagert, während 3.000 Katholiken in ihren Mauern Zuflucht suchten.

1860 ersetze die Nordkirche die Südkirche als Bischofssitz und wurde zur Kathedrale. Joseph Mouly CM war der erste Bischof, der hier seinen Sitz hatte. Nach dem zweiten Weltkrieg wurde die Nordkirche die Heimat von Thomas Tian Gengxin SVD, dem ersten chinesischen Kardinal und Erzbischof von Běijīng.

1958 wurde das Grundstück von der Regierung konfisziert, und die Nordkirche wurde lange Jahre von einer Schule genutzt. Erst im Dezember 1985 konnte sie, nach ihrer Rückgabe durch die chinesische Regierung, wieder für die Gläubigen geöffnet werden. Von 1989 bis 1992 war auch das Seminar der Diözese Běijīng dort untergebracht.

Adresse: Xishiku Dajie 33, Xicheng Bezirk, **Messen:** Sonntags: 6:00, 7:00, 8:00, 10:00, 18:00h, Werktags: 6:00, 7:00h

Zu den Olympischen Spielen gab es in der Nordkirche auch deutschsprachige Gottesdienste, sonst finden diese in der Deutschen Botschaft statt.

Westkirche oder Xīzhímén -Kirche

Die Westkirche 西直门 wurde als letzte und kleinste der vier großen Kirchen Běijīngs im Süden der Xizhimennei-Straße errichtet.

1705 erreichte Erzbischof Carlo Tommaso Maillard de Tournon als päpstlicher Legat Běijīng, um die Beziehungen zu Kaiser Kāngxī zu verbessern und um die Entscheidung des Papstes in Bezug auf den Ritenstreit durchzusetzen.

Mitglied seiner Delegation war unter anderem P. Pedrini, der allerdings erst 1711 Běijīng erreichte und der engagiert wurde, um den späteren Kaiser Yōngzhèng 雍正(1678-1735) in den westlichen Wissenschaften zu unterrichten. 1723 erwarb Pedrini das Grundstück in Xīzhímén und errichtete dort mehrere Wohnhäuser und eine Kirche. Pedrini war Lazarist, bot aber Kirche und Wohnhäuser Priestern verschiedener Kongregationen an, die in China missionarisch tätig waren.

1811 beschloss die kaiserliche Verwaltung, dass nur noch Personen, die bei Hofe zu tun haben, innerhalb der Stadt leben dürfen. Daraufhin wurde die Westkirche komplett abgerissen. Erst 1860 erhielt die Kirche ihr Eigentum zurück, und Bischof Martial Mouly ließ die Westkirche wiederaufbauen und weihte sie 1867 ein.

Am 15. Juni 1900 wurden die Kirche und die Wohngebäude während des Boxer-Aufstands erneut zerstört, dieses Mal durch ein Feuer. Zwölf Jahre später wurde die Kirche wieder aufgebaut.

Nach ihrer Nutzung als Lagerhalle und Fabrik während der Kulturrevolution und des Abrisses des Glockenturms, wurde die Westkirche 1994 offiziell wieder für die Gläubigen geöffnet.

Adresse: Xizhimen Nei Dajie 130, Xicheng Bezirk, **Messen:** Sonntags 8:00, 18:30h, Werktags 6:30h, Freitagabend 18:30h, Samstags 7:00h

Dōngjiāomínxiàng Kirche 东交民巷

im Quartier der Gesandtschaften. Der Zusatz 天主教 教堂 bedeutet: katholische Kirche. Die Kirche in der Dongjiaomin Gasse wurde 1901 im 27. Jahr der Regierung von Kaiser Guāngxù erbaut. Mit ihren zwei Kirchtürmen ist sie typisch für den neugotischen Stil.

Adresse: Dongjiaomin Gasse 13, Dongcheng Bezirk, **Messe:** Werktags 6:30, 7:00h, Sonntags 7:00, 8:00, 18:30h

St. Theresa 小德肋撒堂(xiǎo dé lèi sǎ)/ Nán gāngzǐ Kirche 南岗子堂

Die Kirche ist der Heiligen Therese von Lisieux geweiht.
1910 wurde sie als Teil des Universal Charity Konvents gebaut. 1958 wurde sie beschädigt und 1986 an die Diözese Běijīng zurück gegeben.

Adresse: Yongsheng Gasse 6, Xingfu Straße, Bezirk Chongwen

Píngfáng-König-Jesu-Kirche / 平房耶稣君王堂

Die Kirche wurde 1916 im Bezirk Chaoyang erbaut und 1922 geweiht. 1991 wurde sie an die Diözese zurück gegeben und 1996 wieder für die Gläubigen geöffnet. 1999 wurde sie offiziell zur Pfarrkirche erklärt.

Kirchen in Shànghǎi:

Katholische Kirchengeschichte von Shànghǎi[119]

Xú Guāngqǐ war einer der ersten Katholiken Chinas. 1562 in Shànghǎi geboren, war er einer der Pioniere der modernen Wissenschaften in China. Angefangen als bescheidener Lehrer, arbeitete er sich langsam hoch bis zum Vorsteher des Ritenministeriums und Mitglied des Staatsrates der Ming-Dynastie in Běijīng. Sein ganzes Leben hindurch hatte er einen tiefen Bezug zur Astronomie, zur Mathematik und den Naturwissenschaften. Als junger Mann lernte er den berühmten italienischen Jesuitenmissionar Matteo Ricci kennen und wurde zu seinem Schüler und persönlichen Freund. Er hatte sich für die naturwissenschaftlichen Kenntnisse der damals in China missionierenden europäischen Jesuiten interessiert und so das Christentum kennengelernt.

Im Jahr 1603 ließ sich Xú Guāngqǐ 徐光启(1562-1633), auf den Namen Paul taufen. 1608 kehrte Xú Guāngqǐ zum Begräbnis seines Vaters in seine Heimatstadt Shànghǎi zurück. Er lud den Jesuiten Lazare Cattaneo ein, ihn zu begleiten und dort das Evangelium zu verkünden. Cattaneo blieb zwei Jahre und taufte in dieser Zeit zweihundert Menschen – der Kern der katholischen Gemeinde in Shànghǎi.

---

[119] http://www.china-zentrum.de/Einblick-in-die-katholische-Kirchengeschichte-von-Shànghǎi.320.0.html

Xu Guanqis Grab in Shànghǎi

Paul Xú Guāngqǐ wurde in seiner Heimat Xújiāhuì – das heute zu Shànghǎi gehört – begraben. In der großen Grabanlage wurden auch seine Frau sowie vier Enkel mit deren Frauen bestattet. Im Jahr 1903 – anlässlich des 300. Jahrestags der Taufe von Xú Guāngqǐ – errichtete die Kirche ein weißes Marmorkreuz und erneuerte die Grabanlage. Sie wurde jedoch während des Antijapanischen Krieges und während der Kulturrevolution zerstört. 1983 wurde der nahe bei der Kathedrale in der Nandan-Straße gelegene Park, in dem sich das Grab befindet, in Guāngqǐ-Park umbenannt, 1988 wurde das Grab vom Staatsrat zum Nationalen „Schwerpunkt"-Kulturdenkmal erklärt.

Im 18. Jhdt. mussten die europäischen Missionare China verlassen und es hielten nur die einheimischen Katholiken das christliche Leben in der Region aufrecht. Erst kurz nach dem ersten Opiumkrieg 1841, kamen wieder ausländische Missionare nach Shànghǎi, welches sich schnell zu einem internationalen Handelszentrum entwickelte und in der ersten Hälfte des 20. Jhdt. auch ein wichtiges Zentrum der katholischen Kirche Chinas wurde. 1924 weihten die dort versammelten Bischöfe Chinas das ganze Land der Muttergottes, der „Hilfe der Christen", die im Shànghǎier Marienheiligtum auf dem Berg Shéshān (siehe dort) verehrt wird.

Sechs Jahre nach Gründung der Volksrepublik China, führte die kommunistische Regierung 1955 ihren ersten schweren Schlag gegen die katholische Kirche Shànghǎis und verhaftete am

7.September, wie bereits erwähnt, über vierhundert Menschen, darunter den damaligen Bischof Gong Pinmei, viele Priester und Gläubige. Später erfolgte, in der Kulturrevolution (1966-1976), die Unterdrückung allen religiösen Lebens in ganz China. Erst 1979 wurde die Shànghǎier Kathedrale wieder für den Gottesdienst geöffnet, und 1982 nahm das Shànghǎier Priesterseminar als erstes in China wieder Priesteramtskandidaten zum Studium auf. Unter der Leitung des 1919 geborenen Bischofs Aloysius Jin Luxian SJ, ist – wie auch in den anderen chinesischen Bistümern – eine neue, junge Generation von Priestern und Ordensschwestern herangewachsen, von denen manche noch das Wissen der ausgewiesenen Ordensleute weiterführen...

Bischof Jin Lu Xian

2005 erhielt die Diözese auch einen jungen Weihbischof, Joseph Xing Wenzhi. Die Zahl der Katholiken in der Diözese Shànghǎi ist trotz der Jahre der Verfolgung von 100.000 im Jahr 1949 auf

140.000 im Jahr 2009 gestiegen (siehe später).

Basisreligionsarbeit in Shànghǎi[120]

Die „Religionsarbeit an der Basis" wurde 2005 in die Verwaltungsvorschriften und Beurteilungsstandards für „zivilisierte Nachbarschaftsviertel" in Shànghǎi aufgenommen. Die Basisreligionsarbeit sei notwendig, so Zhu Liangmei, von der Shànghǎier Akademie der Sozialwissenschaften, weil in einigen Nachbarschaftsvierteln und Dörfern Shànghǎis in unterschiedlichem Maß die drei „chronischen Krankheiten" anormaler religiöser Aktivitäten fortbestünden: Bei Buddhismus und Daoismus seien wie ehedem die „drei chaotischen Zustände" augenfällig, nämlich wildes Errichten kleiner Tempel, wildes Weihrauchverbrennen und wildes Durchführen buddhistischer Rituale (*luan zuo foshi*). Beim Protestantismus gebe es eine steigende Tendenz und einen gesellschaftlichen Trend (*shehuihua qingxiang*) zur Gründung privater Versammlungsorte. Außerdem gebe es nach wie vor Aktivitäten der katholischen Untergrundkräfte...

St. Ignatius Kirche 依纳爵堂(Yīnàjué) / Xújiāhuì -Kathedrale 徐家汇天主教堂[121]

---

[120] http://www.china-zentrum.de/Keine-blinden-Flecken-Basisreligionsarbeit-in-Shànghǎi.64.0.html?&L=0

[121] Quellen: Jean Charbonnier, MEP, *Guide to the Catholic Church in China. Zhongguo tianzhujiao zhinan* 中国天主教指南, Singapore 2008; *Tianzhujiao Shànghǎi jiaoqu* 天主教上海教区. *Catholic Shànghǎi Diocese*, Shànghǎi 2008; www.catholic-sh.org.

Die St. Ignatius Kathedrale in Xújiāhuì wurde ungefähr von 1906 bis 1910 erbaut. Sie wurde im gotischen Stil gebaut und kann 2.500 Gläubige gleichzeitig fassen. Die Kirche wurde von dem französischen Architekten W.M. Dowdall entworfen und die Bauarbeiten wurden von einem französischen Bauunternehmen durchgeführt. Charakteristisch für die Kathedrale sind die zwei 56m hohen Glockentürme an den Seiten des Haupteingangs. Die Kirche hat eine Länge von 83,2m, eine Höhe von 26m mit einer Breite von 28m im Hauptschiff und einer Breite von 34m im Querschiff. Nach der Kulturrevolution wurde die Kirche am 1. November 1979 wieder offiziell geöffnet und noch vor Weihnachten 1982 wurden die 2 Kirchtürme wieder aufgebaut. Xújiāhuì wurde nach Xú Guāngqǐ benannt, dem berühmten Gelehrten, der dort 1603 auf den Namen Paul getauft wurde. Noch heute lebt die Familie Xú in dieser Gegend.

Matteo Ricci (1552 - 1610) und Paul Xú Guāngqǐ (1562 - 1633)

Die in Shànghǎi lebende Künstlerin Wo Ye hat u.a. die neuen Glasfenster der Kathedrale in Shànghǎi gestaltet.

Adresse: Puxi Lu 158, Xuhui Bezirk, U-Bahn Xújiāhuì
上海市，徐家汇蒲西路 158 号，徐汇区
徐家汇地铁站
Messen: Sonntags: 6:00, 7:30, 10:00 und 18:00 (Chinesisch), 12:00h (Englisch)
Werktags: 6:15 und 7:00h (Chinesisch)
Samstags: 6:15, 7:00, 16:30 und 18:00h (Chinesisch)

St. Petrus Kirche 圣伯多禄天主堂(shèng bó duō lù)

Die St. Petrus Kirche wurde von 1933 bis 1934 im byzantinischen Stil erbaut. Während der Kulturrevolution wurde die Kirche von der Regierung genutzt und wurde 1994 wieder an die Diözese Shànghǎi zurückgegeben. Im Januar 1995 wurde die Kirche abgerissen und bis 1996 westlich von der ursprünglichen Lage dem Original sehr ähnlich wieder aufgebaut. Die neue St. Petrus Kirche hat eine Fläche von 4.000 m^2. In dieser Kirche gibt es sowohl englischsprachige als auch deutschsprachige Messen.

Adresse: Chongqing Nanlu 270, Luwan Bezirk
Bushaltestelle: Cultural Palace, gegenüber vom 2. Stadtkrankenhaus

地址：重庆南路 270 号，卢湾区
车站：文化宫，在市二医院对面

Messen: Sonntags: 12:00 (Englisch) und 15:00h (Deutsch), Samstags: 17:00h (Englisch)

Kirche von Christus dem König 基督君王天主堂 (Jīdū jūnwáng tiānzhǔtáng)

Die Kirche von Christus dem König ist 5 Minuten Fußweg nördlich von dem Jinjiang Hotel an der Ecke Julu Lu und Maoming Nanlu entfernt. Die Kirche ist im Erdgeschoss eines Gebäudes, das zum Teil für katholische Aktivitäten genutzt wird. Dieses Land wurde der Kirche zum Tausch für das Land gegeben, auf dem das Jinjiang Hotel gebaut wurde. Die Kirche ist modern und hell mit einem Glasfenster auf der einen und einem Gemälde des Guten Hirten auf der anderen Seite.

Adresse: Julu Lu 361, Luwan Bezirk 巨鹿路 361 号，卢湾区

St. Franz Xaver Kirche 圣方济沙勿略堂 (shèng fāng jǐ shā wù lüè táng)/ **Dǒngjiādù-Kirche**

Die St. Franz Xaver Kirche in Dǒngjiādù wurde von 1847 bis 1853 von Jesuiten erbaut. Im Gegensatz zu der im westlichen Stil erbaute Xújiāhuì Kathedrale vereint die Dǒngjiādù - Kirche in ihrem Baustil sowohl chinesische als auch westliche Elemente. So wurde die Kirche im frühen spanischen Barockstil erbaut, es befinden sich aber z.B. chinesische Reimpaare in den Außenwänden auf beiden Seiten des Eingangs und Flachreliefs mit Lotus-Design innerhalb der Kirche.

Adresse: Dǒngjiādù Lu 185, Huangpu Bezirk, Buslinien: 11 (Westen), 65 (Osten)
上海市董家渡路 185 号, 黄浦区
公共汽车：11 路, 65 路
Messen: Sonntags: 10:30 und 12:30h (Englisch)

Herz Jesu Kirche 张家楼耶稣圣心堂 (zhāng jiā lóu yēsū shèng xīn)/ **Zhāngjiālóu-Kirche**
Die 1774 gegründete Herz Jesu Kirche stand ursprünglich in dem Dorf Zhāngjiālóu und wurde 1993 aufgrund von Stadtplanungsmaßnahmen verlegt. Im Jahr 2000 wurde diese Kirche abgerissen und ihr neues Fundament wurde 2002 am „Biyun international complex", am Ufer eines Kanales gelegt. Sie besitzt einen Haupt- und einen Nebenturm und über dem Eingang eine Jesusstatue mit ausgebreiteten Armen. Am 28. Juni 2003 wurde die neue Kirche mit einer Fläche von 1.792 m^2 neu eröffnet (siehe nachfolgendes Foto). Aufgrund der schnellen Entwicklung des Bezirks und der wachsenden ausländischen Bevölkerung gibt es hier seit 2005 auch englische Messen.

Adresse: Jinqiaozhen Hongfeng Lu 151, Pudong Bezirk 金桥镇红枫路 151 号, 浦东新区
Messen: Sonntags: 10:30 (Englisch), Samstags: 12:00h (Englisch)

Mutter Gottes Kirche 佘山山顶 **/ Shéshān shāndǐng - Basilika**

Im Jahr 1863 erwarb die Katholische Kirche in Shànghǎi Land auf der westlichen Seite des Hügels Shéshān für den Bau von Gebäuden. 1866 wurde ein sechseckiger Pavillon für die Statue der Madonna errichtet und ein Altar aufgebaut. Von 1871 bis 1873 wurde auf der Spitze des Shéshān eine Kirche gebaut mit der Gottesmutter Maria, der "Hilfe der Christen", als Schutzpatronin. Die Bauarbeiten an der heute vorhandenen Basilika begannen 1925 und dauerten 10 Jahre bis zur Fertigstellung an. Architekt dieser Kirche war der portugiesische Priester Diniz. Die Basilika ist zum Westen ausgerichtet mit einer Ost-West Länge von 56 m und einer Nord-Süd Breite von 25 m. Das Gewölbe ist 17 m und der Kirchturm 38 m hoch. Die Fläche der Kirche ist kreuzförmig und der Altar besteht aus Marmor. Auf der Mitte des Altars steht die Heilige Jungfrau, so dass diese im absoluten Fokus steht. Während der Kulturrevolution wurden die Basilika und ihre Nebengebäude sämtlich entweder zerstört oder eingenommen. Im März hat die lokale Regierung von Shànghǎi in Erfüllung ihrer Politik von Kirchenfreiheit beschlossen, die Shéshān Basilika der Diözese von Shànghǎi zurückzugeben. Mit der Unterstützung von der Regierung hat die Diözese Shànghǎi alle für die kirchlichen Aktivitäten relevanten Bereiche renoviert. Jedes Jahr im Mai wird Shéshān zu einem Wallfahrtsort, der von Katholiken und Pilgern aus der ganzen Welt besucht wird.

Am Shéshān ist die größte Feier des Jahres das Fest zu Ehren unserer Gottesmutter Maria, der "Hilfe der Christen", am 24. Mai.

Adresse: An der Spitze des Shéshān Berges, Songjiang Bezirk, ca. 35 km von Shànghǎi entfernt 佘山山顶 圣母进教之佑大殿.

Mutter Gottes Mittelkirche 中山圣母保堂(Zhōngshān shèngmǔ bǎo táng) / **Shéshān Mittelkirche**

Die Mittelkirche wurde 1894 erbaut. Auf den Seiten des Haupteingangs befindet sich die folgende Inschrift:
"Mache eine kurze Rast bei der kleinen Kapelle auf dem halben Weg zur Spitze des Hügels und erweise deine Ehrerbietung. Das Heiligtum ist auf der Spitze des Berges. Erklimme einige weitere Stufen und bitte um die Barmherzigkeit der Mutter Gottes." Die Pavillions der Jungfrau Maria, des St. Joseph und des Herz Jesu werden zusammen als die Pavillions der "Drei Heiligen" bezeichnet. Die Gebäude hinter der Kirche dienten von 1982 bis 1986 als Priesterseminar.

Adresse: Am Fuß des Shéshānberges, Songjiang Bezirk, ca. 35 km von Shànghǎi entfernt 松江县舍山乡中山天主堂.

Shànghǎis Religionen in Zahlen[122]

Bei diesen Zahlen handelt es sich um Angaben der Shànghǎier Behörden zu den fünf großen anerkannten Religionen, bzw. Philosophien in Shànghǎi. Sie beziehen sich etwa auf die Jahre 2005 bis 2008 (keine genauen Jahresangaben). Die Religionen selbst geben z.T. etwas andere Zahlen an.
Buddhisten: 85 geöffnete Tempel, 941 Mönche und Nonnen, Zahl der Gläubigen schwer zu schätzen, etwa 370.000 besuchen regelmäßig einen Tempel.
Daoisten: 19 Tempel, 116 daoistische Priester, Zahl der Gläubigen schwer zu schätzen, etwa 110.000 besuchen regelmäßig einen Tempel.
Muslime: 7 Moscheen, 12 Imame, 60.000 Gläubige, die 10 verschiedenen Nationalitäten angehören.
Protestanten *(jīdū xīnjiào* 基督新教 oder nur jīdū jiào 基督教- Protestantismus)**:** 164 Kirchen und Treffpunkte, 332 Mitglieder des religiösen Personals, über 180.000 Gläubige. Gott bezeichnen sie als *shàngdì* 上帝.
Katholiken (tiānzhǔ jiào 天主教- Katholizismus)**:** 104 Kirchen, 158 Mitglieder des religiösen Personals (Bischöfe, Priester und Schwestern), 140.000 Gläubige. Gott wird bei ihnen mit *tiānzhǔ* 天主 und Geist mit *shén* 神 bezeichnet. Auch das „qì" 氣/气" (ursprünglich ein Begriff des Daoismus) Atem, Geist, Fluidum und auch Energie ist von spiritueller Bedeutung.[123]
Juden: Anzahl unbekannt, als Gotteshäuser geöffnete Synagogen gibt es z.Zt. nur eine in Shànghǎi (mit einem amerikanischen Rabbi).[124]

---

[122] www.shmzw.gov.cn/gb/mzw/shzj/index.html (chinesisch)
[123] http://wapedia.mobi/de/Qi
[124] http://de.wikipedia.org/wiki/Judentum_in_China

In Summe also „nur" ungefähr 840.000 offizielle tempel- bzw. kirchenbesuchende Gläubige von 18.9 Millionen Einwohnern (2008).

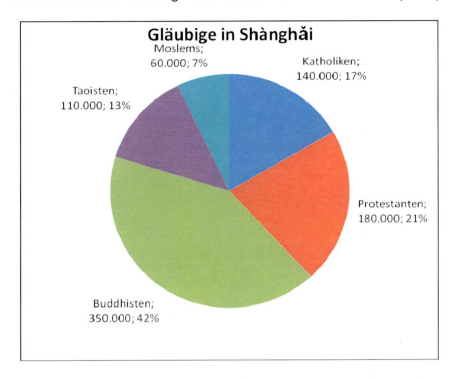

Wie die Expo 2010 (Motto "Better City, Better Life") erneut zeigte, wird von den Religionen in China generell, aber besonders bei nationalen Großprojekten staatstragendes Verhalten erwartet. „Segenserflehungsaktivitäten" finden mitunter sogar im Rahmen politischer Gremien (PKK) oder unter Beteiligung von Regierungsvertretern (z.B. im buddhistischen Qibao-Tempel) statt. Gleichzeitig versuchen die Behörden, den „Risikofaktor" Religion zu minimieren. Auch als Wirtschaftsfaktor spielt Religion eine wachsende Rolle. Deutlich wird aber vor allem, dass die religiöse Kultur – die christliche Missionsgeschichte eingeschlossen – zunehmend selbstverständlich als Teil des kulturellen Erbes gesehen wird.

Ürümqi/ Xinjiang

Die katholische Diözese Xinjiang hat heute nach unterschiedlichen Angaben 7.000–10.000 Gläubige, die alle Han-Chinesen sind. Der 1991 insgeheim geweihte Untergrundbischof Paul Xiè Tíngzhé in Ürümqi, geboren 1931, ist seit 40 Jahren Priester und war 1995 in St. Augustin/BRD, ist allerdings kein Steyler Missionar, sondern Weltpriester. Er hat in seiner Diözese in Xinjiang 27 Priester, 3 in seiner Kirche (siehe Abbildungen unten) und ca. 3000 Gläubige. Rund 9000 Orthodoxe Christen haben keinen Priester und werden - nicht problemlos - von Kasachstan aus betreut.[125]

Auch der Protestantismus ist stark wachsend.[126] In den 1990er und besonders den 2000er Jahren nahm die Zahl der Protestanten in Xinjiang sehr schnell zu, von 10.000–20.000 Ende der 1980er bis 2005: 80.000–100.000 Gläubige. Diese Entwicklung und die von den Behörden in die Wege geleiteten Gegenmaßnahmen schildert eine bereits 2005 in Shànghǎi publizierte Analyse von Li Jinxin (Institut für Religion an der Akademie der Sozialwissenschaften Xinjiang). Er schreibt unter anderem: *Es gehört zu den Missionsmethoden, die Menschen mit Musikkapellen, Chören und christlichen Liedern anzuziehen.* An Weihnachten und Ostern werden vielfach Kalender und Tragetaschen mit christlichen Bildaufdrucken verschenkt.

Auch häretische Organisationen (*xiejiao zuzhi*) wie die „Rufer" (*Huhanpai*) oder die „Jüngergemeinschaft" (*Mentuhui*) - zwei einheimische christliche Sekten, die im Übrigen in China verboten sind - suchen in Xinjiang ein neues Betätigungsfeld, heißt es in der Studie.

---

[125] vgl. *China heute* 2008, Nr. 1-2, S. 43
[126] U.S. Department of State International Religious Freedom Report 2008. Li Jinxin, „Xinjiang jidujiao xianzhuang diaocha yu yanjiu" (Untersuchung und Erforschung der gegenwärtigen Lage des Protestantismus in Xinjiang), in: Dangdai zongjiao yanjiu 2005, Nr. 4, S. 15-20.

Chéngdū

成都市 , die Hauptstadt der chinesischen Provinz Sìchuān mit 11 Mio. Einwohnern hat natürlich auch eine katholische Kirche – diese wurde 1904 eröffnet:

Chóngqìng

重庆, die größte Stadt Chinas mit 28,6 Mio. Einwohnern (2009) am Zusammenfluss von Jangtse und Jialing hat auch Kirchen, von denen wir eine etwas verwahrloste besuchten:

Éméi Shān 峨眉山/Sìchuān

Auf einem der vier malerischen, buddhistischen Berge Chinas gibt es auch eine katholische Kirche und ein Fremdenverkehrszentrum. Zu dem Gotteshaus auf dem Emei Shan in der Provinz Sìchuān gehört das „Ferienzentrum des Friedens", das Schwester Yang Huang Xiu betreut. [127]
„Ich stelle mich den Menschen, die hierher kommen, als katholische Ordensschwester vor, die von der Kirche beauftragt wurde, dieses touristische und geistliche Zentrum zu betreuen", sagte sie, wie „Faith" berichtete, das katholische Mitteilungsblatt der Provinz Hebei.
Besucher und Pilger kommen auch außerhalb der Hochsaison auf den Berg, der 1996 in die Liste des UNESCO-Welterbes aufgenommen wurde. „Im vergangenen Jahr habe ich die Abendstunden außerhalb der Hochsaison zudem genutzt, um den 40 katholischen Familien der örtlichen Gemeinde mit ihren 500 Gläubigen Besuche abzustatten", erzählt die Ordensfrau. „Wir haben sie über die Ereignisse der Weltkirche informiert, religiöse Bücher mitgebracht und sie zur Katechese eingeladen."
Der christliche Glaube boomt auf dem Éméi Shān: „Einige Gläubige, die sich von der Kirche entfernt hatten, kehrten mit Begeisterung wieder in die Gemeinde zurück", berichtet sie. „Zehn Katechumenen empfingen das Sakrament der Taufe. Auch die Zahl der Gläubigen, die zur Beichte in die Kirche kommen, nimmt zu. Und immer mehr nehmen am Leben der Gemeinde teil, zum Beispiel durch das Singen im Chor und bei der Vorbereitung auf das Weihnachtsfest."
Das Missionsbewusstsein sei neu erwacht, beschreibt Schwester Yang Huang Xiu. Da es sich um ein international bekanntes Fremdenverkehrsziel handelt, versuchen die katholischen Gläubigen, die einen Laden, ein Restaurant, ein Hotel, ein Reisebüro oder ein Unternehmen für die Gebäudereinigung besitzen, sich offen zu ihrem Glauben zu bekennen.

---

[127] www.kath.net / Fides vom 05. September 2006, 14:08

„In unsrem Schaufenster stellen wir die katholische Zeitung und andere Materialien aus, die mit dem katholischen Glauben zu tun haben, so dass die Touristen, die bei uns vorbeikommen sich damit befassen und uns eventuell Fragen stellen können." Die Bibel und andere religiöse Publikationen gehören zu den „Verkaufshits", erzählt sie. „In Zukunft werden wir versuchen, unsere Mission weiter auszudehnen, damit wir noch mehr Menschen von der Frohbotschaft begeistern können."

Píngyáo/Shanxi (平遙 / 平遥)

Doch auch kleine Orte, wie das mittelalterliche Píngyáo, ca. 900 km südwestlich von Běijīng besitzt eine evangelische und katholische Kirche, in der man besonders liebenswürdig aufgenommen und englischsprachig geführt wird:

Unter der Herrschaft des Ming-Kaisers Hóngwǔ (1370, Regierungzeit:1368-1398) wurde die Stadt wesentlich erweitert und eine große Stadtbefestigung als Mauer mit Erdkern errichtet. Seitdem entwickelte sie sich durch die gesamte Zeit der Ming und Qing Dynastien zu einem Finanzzentrum Chinas und beherrschte in der zweiten Hälfte des 19. Jahrhunderts den chinesischen Finanzsektor. Durch den Aufstieg der chinesischen Küstenstädte im Zuge der wirtschaftlichen Einflussnahme der westlichen Kolonialmächte verlor Píngyáo aber um 1900 seine Bedeutung insbesondere an Hongkong und Shànghǎi und erholte sich von diesem Bedeutungsverlust bis heute nur durch den Tourismus. Diese kleine Stadt ist durch ihr unversehrtes mingzeitliches Stadtbild als Weltkulturerbe registriert. Hier noch ein Blick in den Altarraum der liebevoll ausgestalteten, aber baulich doch etwas pflegebedürftigen katholischen Kirche:

Qīngdǎo青岛/Zhèjiāng

Bei den olympischen Spielen 2008 wurden die Segelbewerbe in dieser Stadt ausgetragen. Die im Jahre 1902/1934 von Steyler Missionaren gebaute, und nach der Kulturrevolution 1981 vom chinesischen Staat reparierte, St. Michael's Kathedrale (圣彌格爾主教座堂 - *Shèng Mígé'ěr Zhǔjiào Zuòtáng*) in Qīngdǎo besitzt nicht nur einen schönen Altarraum, sondern auch eine 2006 gebaute, massive 12 x 12 Meter große Jäger & Brommer - Orgel um 700,000 € (gerade rechtzeitig für die Olympischen Spiele 2008). Die Orgel befindet sich am Chor über dem westlichen Eingang. Dieses, auch im Stadtplan eingezeichnete, Bauwerk zieht, wie alle besuchten Kirchen, Hochzeitspaare magnetisch an und ein Fototermin davor gehört scheinbar unbedingt zu einer richtigen Eheschließung (hier vor dem bischöflichen Palais, rechts der Kirche):

Dàlián 大连市/Liaoning

In der nordostchinesischen Hafenstadt, mit ca. 6,17 Mio. Einwohnern (2009), gibt es eine von privaten Sponsoren aus Korea 1926 gestiftete Kirche[128],[129] heute zum *Heiligen Herzen Jesu* genannt:

Address: No. 31, Xi-an Street, Xi-gang District, Dalian City, Liaoning Provinz 116011
Messen: Samstag 17:30 h und Sonntag: 9:00 & 17:00h, Koreanische Messe um 11:00h
Wochentags: 6:30h.

Weiters befinden sich in den sechs Stadtbezirken (einer davon ist Port Arthur) je eine protestantische Kirche.

Tài'ān 泰安市/Shandong

Tài'ān (heißt „friedliche Ruhe") liegt ca. 70 km südlich der Provinzhauptstadt Jinan und hat eine Fläche von 7.761 km² und etwa 6 Mio. Einwohner; wichtigstes Ausflugsziel ist der auch als Ost-

---

[128] http://www.kapuziner.org/meldungen/20100408.php
[129] http://en.wikipedia.org/wiki/Dalian_Catholic_Church

berg bezeichnete - nördlich der Stadt gelegene - Berg Tài Shān 泰山(1.545 m), der schon von Konfuzius erwähnt wird und der zu den heiligen Bergen Chinas gehört. Der Tài Shān ist der meistbestiegene Berg der Welt. Der berühmteste Tempel der Stadt ist die daoistische *Daimiao* Tempelanlage und es gibt auch eine protestantische Kirche mit gepflegtem Vorgarten und einfachem Innenraum:

Shíjiāzhuāng 石家莊市

In Shíjiāzhuāng (Hauptstadt der Provinz Hebei) befindet sich das Faith Institute for Cultural Studies „Xìnde" und auch mindestens eine evangelische Kirche

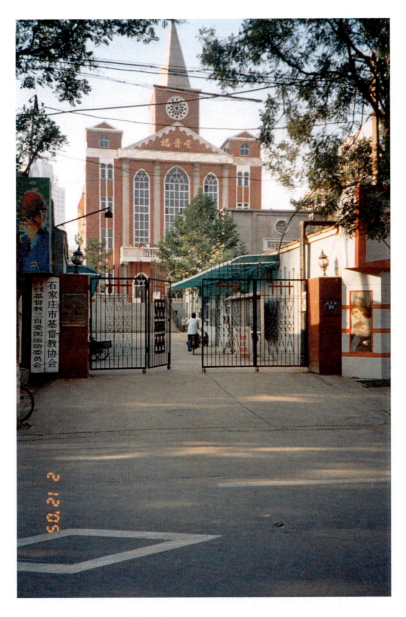

Wieviele Christen sind nun wirklich in China und wieviel Menschen gehören einer Religion an?

Dazu veröffentlichte die, im Allgemeinen gut informierte, Zürcher Zeitung (Nr.141, 22.Juni 2010 auf S.6) folgende Statistik:

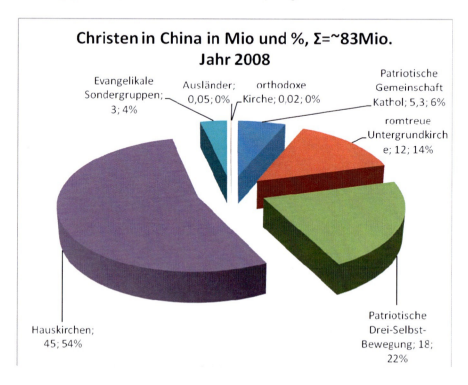

Gesamtasiatisch gesehen befinden sich 8.5% der Weltbevölkerung, d.h. 316.5 Mio Christen in diesem Kontinent und das im Jahre 2000 prognostizierte Wachstum beträgt 3.7%.[130]

Im Vergleich dazu folgt nun die grobe Schätzung der Religiosität im gesamten China (Stand: 2006):[131],[132]

---

[130] http://de.wikipedia.org/wiki/Christentum
[131] http://de.wikipedia.org/wiki/Religion_in_China
[132] http://www.asiaharvest.org/pages/Christians%20in%20China/How%20Many%20Christians%20are%20There%20in%20China.pdf

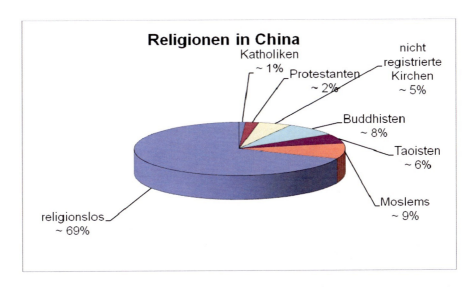

Die Mehrzahl der Christen in der Volksrepublik China gehört einer „unabhängigen Kirche" an, die Mitgliederzahlen können jedoch nur geschätzt werden. Die Evangelische Nachrichtenagentur *idea* gibt "mindestens 60 Millionen" an (2002),[133] die Gesellschaft für bedrohte Völker 70 Millionen (2004).[134] Zum Vergleich: Im Jahr 2010 gibt es 78 Mio. registrierte Kommunisten.

In Taiwan (23 Mio. Einwohner) sind ~ 6% Christen, meist Protestanten, in Hongkong ~ 30% Christen (350.000 protestantische und 450.000 katholische Christen) und in Macau sind ~4% Katholiken und ~2% Protestanten.[135]

Christliche Kunst:

Malkunst:

---

[133] http://www.ekd.de/aktuell_presse/25018.html
[134] http://www.igfm-muenchen.de/china/Waffenembargo/GfbVChina-ReportApril04.html
[135] China heute XXIX (2010), Nr.1, S.31

Da Papst Urban VIII (1568-1644) ausdrücklich verbot, Christus anders als in der abendländischen Tradition darzustellen obwohl diese Kultur selbst vom Ming- Kaiser geschätzt wurde, kam es erst spät zu chinesischen Darstellungen.[136] Papst Benedikt XIV. verbot 1742 endgültig die von den Jesuiten praktizierte sog. Akkommodation, also die Anpassung des katholischen Kultus an die chinesischen Gesellschaftsverhältnisse (Ende des so genannten Ritenstreites).

Erst Papst Benedikt XV (Papst von 1914-1922) erklärte 1919, wie bereits erwähnt, in seinem Missionsrundschreiben „Maximum Illud" die Einwurzelung des Christentums in den verschiedenen Kulturen als notwendig, denn von Beginn an hat diese Religion eine Anpassung an jene verstanden.

Einige chinesische Künstler begannen im klassischen chinesischen Stil biblische Themen zu malen. So zum Beispiel:

Li Ming Yuan, geboren 1906 in Lai Shui, Xu Chi Hua, geboren 1912 in Ta Hsing, Wang Ch`eng Hsiang, geboren in Hsu Shui, Huang Jui Lung, John Lu Hung Nien (1914-?) und der 1903 geborene Chen Yuan Tu.

Lu Hung Nien malte z.B. den heiliggesprochenen Josef Freinadametz und die „Our Lady of China" – siehe folgendes linkes Bild.

Chen Yuan Tu wurde 1930 an die Kunstakademie berufen und malte 1937 das rechte Bild:

- „Jesus segnet die Kinder" in dem nur Buben gesegnet wurde, da diese in der chinesischen Gesellschaft höher als Mädchen geschätzt wurden, und
- „Sie legten ihn in eine Krippe" mit den typischen Wolken, Gras und Faltenwurf der Tradition.[137]

---

[136] Ausstellung „Die Gesichter Jesu in China", die im Diözesanmuseum St. Afra in Augsburg 2004
[137] Christliche Kunst - weltweit. Eine Einführung von Theo Sundermeier (Broschiert - 3. Oktober 2007)

Es folgen noch zwei unterschiedliche Mariendarstellungen, die die besonders starken Durchdringungen der beiden Kulturen (China – Europa) zeigen, wobei die linke, daoistisch inspirierte im Jahre 1947, die rechte, „Königin der Engel" genannt, 1938 entstand. Dort hält die Mutter den Sohn auf einer Decke aus Vogelfedern, die seinen überirdischen Charakter andeuten sollen. Um den Hals trägt das Kind ein Schloss, welches an einen altchinesischen Brauch anknüpft, dass reiche Eltern ihr Kind einer armen Frau zur Erziehung geben und dieses im fortgeschrittenen Alter unter Zeremonien zurückholen. Das erinnert daran, dass der himmlische Vater seinen Sohn einer menschlichen Mutter anvertraute. Die acht Jungfrauen spielen auf traditionellen Instrumenten.[138]

Scherenschnittkunst:[139]

von der Künstlerin Fan Pu „Begegnung von Jesus und der Samariterin", wobei das Kreuz im Hintergrund einen Wasserlauf darstellt in dem die Fische schwimmen.

---

[138] Ars sacra Pekinensis : Die chinesisch-christliche Malerei an d. Katholischen Universität (Fu Jen) in Peking, Bornemann Fritz, Mödling b. Wien : Missionsdruckerei St. Gabriel [St.-Gabriel-Verl.], 1950
[139] http://www.missionsblaetter.de/pdf/2002/4/china.pdf

Frau Fan Pu ist seit 1980 Mitglied der Chinesischen Studiengesellschaft für Skalpellschnitt (Scherenschnitt) sowie der Asiatischen Gesellschaft für Christliche Kunst. Sie ist seit 1992 am Amity Christian Art Center in Nánjīng und für die Herausgabe der Zeitschrift „Christian Art Information" zuständig.

Schlussbemerkung:

Zweifellos steht das Christentum unter der Bürde der Vergangenheit, doch ebenso unter der Hoffnung der Zukunft. Betrachtet man abschließend die vom Verfasser im Vorwort gestellte Frage, ob die drei Säulen der Mission: Heilung, bzw. Sozialarbeit, Unterricht und Verkündigung auch heute in China stabil sind, bzw. welche Ausprägung diese erhalten haben, so kann die Sozialarbeit in Pfarrzentren (z.B. Guangqi – Sozialzentrum/Shànghăi), Spitälern (z.B. Méihékŏu/Jílín), usw. durchaus gefunden werden, der Unterricht am ehesten noch im Bereich der Priesterseminare sowie Fremdsprachenvermittlung, und die Verkündigung – sehr lebendig – in den zahlreichen Kirchen.

In China haben europäische Missionare vier Jahrhunderte mit Erfolg versucht zu missionieren. Insbesondere sind Mateo Ricci SJ, Vinzent Lebbe CM, der Heilige Josef Freinadametz SVD aber auch James Hudson Taylor und Karl Friedrich August Gützlaff zu erwähnen. Nachdem die europäischen Missionare in den 1950er Jahren des Landes verwiesen wurden und während der Kulturrevolution das religiöse Leben streng verboten war, hat das Christentum in den letzten dreißig Jahren ohne große ausländische Unterstützung einen massiven Aufschwung genommen. Inzwischen hat China große christliche Gemeinden mit weiterem stabilem Wachstum, was angesichts der Bedrohungen durch Hochwasser-, Rohöl- und anderer Umweltkatastrophen (z.B. am Jangtse und in Dalian), aber auch „Konstruktion/Demolierung", etc. nicht verwundert.[140]

Fasst man zusammen, so zeigt sich, dass die großen Kirchen besonders am Sonntag sehr gut besucht sind und dass das Interesse am Glauben sichtbar ist, allerdings gibt es immer noch viele widersprüchliche Signale in der Religionspolitik der Regierung.

---

[140] http://de.wikipedia.org/wiki/Christentum_in_China

Insgesamt beschreibt P. Jeroom Heyndrickx[141] CICM Priester der belgischen Scheut-Missionare in China (und Präsident der Theophile Verbist-Stiftung von Lovaine) die Vorgänge im Umfeld des chinesischen Christentums am besten mit:

„*In der Kirche Chinas ist das Innere wichtig und nicht das, was auf der Bühne erscheint.*"[142] Deshalb kommt es dort auch immer wieder zu überraschenden Wendungen und Brüchen in der Inkulturation dieses Glaubens, denn die großen Dinge geschehen vom Alleinen, d.h. von Gott her und zu ihm hin.

U.I.O.G.D.

---

[141] http://www.mzf.org/files/224/Gruene_Reihe_106.pdf
[142] Eglise d'Asie 2009, Nr. 500, 21.

Literaturverzeichnis:

China and Christianity: Burdened Past, Hopeful Future - von Stephen, Jr. Uhalley und Xiaoxin Wu von M E Sharpe Inc, (Gebundene Ausgabe: 499 Seiten), Verlag: M E Sharpe Inc (Dezember 2000), Sprache: Englisch, ISBN-10: 0765606615, ISBN-13: 978-0765606617

China's Christian Colleges: Cross-Cultural Connections, 1900-1950 von Daniel H. Bays und Ellen Widmer von Stanford Univ Pr (Taschenbuch: 432 Seiten), Verlag: Stanford Univ Pr (27. Februar 2009), Sprache: Englisch, ISBN-10: 0804759499, ISBN-13: 978-0804759496

China's Christian Martyrs: 1300 Years of Christians in China Who Have Died for Their Faith von Paul Hattaway von Monarch Books (Taschenbuch: 480 Seiten) Verlag: Monarch Books (16. Februar 2007), Sprache: Englisch, ISBN-10: 185424762X, ISBN-13: 978-1854247629

China's Christian Millions von Tony Lambert von Monarch Books (Taschenbuch: 288 Seiten) Verlag: Monarch Books; Auflage: 2nd Revised edition (21. April 2006), Sprache: Englisch, ISBN-10: 1854247484, ISBN-13: 978-1854247483

Christianity and Chinese Religions von Julia Ching und Hans Kung von SCM Press (Taschenbuch: 336 Seiten, Verlag: SCM Press; Auflage: New edition (Oktober 1993), Sprache: Englisch, ISBN-10: 0334025451, ISBN-13: 978-0334025450

Chronique Du Toumet-Ortos: Looking Through the Lens of Joseph Van Oost, Missionary in Inner Mongolia (1915-1921): v. 16 (Leuven Chinese Studies) von Ann Heylen von Leuven University Press (Taschenbuch: 409 Seiten), Verlag: Leuven University Press; Auflage: III (31. Dezember 2004), Sprache: Englisch, ISBN-10: 9058674185, ISBN-13: 978-9058674180

Concise English-Chinese. Chinese-English Dictionary von The Commercial Press von China Book Trading Gmbh (Kunststoffeinband: 676 Seiten), Verlag: China Book Trading Gmbh (Mai 2005), Sprache: Chinesisch, ISBN-10: 7100039339, ISBN-13: 978-7100039338

Das Neueste über China Li Wenchao (Autor), Hans Poser (Autor), Gebundene Ausgabe: 390 Seiten, Verlag: Steiner (Franz) (2000), Sprache: Deutsch, Englisch, Französisch, ISBN-10: 3515074481, ISBN-13: 978-3515074483

Einführung in das Christentum: Vorlesungen über das apostolische Glaubensbekenntnis von Joseph Ratzinger (Gebundene Ausgabe: 366 Seiten), Verlag: Kösel-Verlag; Auflage: 9 (14. September 2000) , ISBN-10: 3466204550, ISBN-13: 978-3466204557

Génocides tropicaux. Catastrophes naturelles et famines coloniales (1870-1900), Aux origines du sous-développement von Mike Davis von Editions La Découverte (Taschenbuch: 479 Seiten), Verlag: Editions La Découverte (24. April 2003), Sprache: Französisch, ISBN-10: 2707136069, ISBN-13: 978-2707136060

Histoire des Chretiens de Chine von Charbonnier J von Indes Savantes (Taschenbuch), Verlag: Indes Savantes (15. April 2003), Sprache: Französich, ISBN-10: 2846540268, ISBN-13: 978-2846540261

Histoire des relations de la Chine avec les puissances occidentales, 1860-1900: Tome 3. L'Empereur Kouang-Siu. Partie 2: 1888-1902 von Henri Cordier von Adamant Media Corporation (Taschenbuch: 610 Seiten), Verlag: Adamant Media Corporation (27. Mai 2005), Sprache: Französisch, ISBN-10: 0543693880, ISBN-13: 978-0543693884

Im Schatten des großen Drachen: Begegnungen mit Chinas Christen von Notker Wolf und Corinna Mühlstedt von Kreuz Verlag (Taschenbuch: 160 Seiten), Verlag: Kreuz Verlag; Auflage: 1 (8. Juli 2008), ISBN-10: 3783131642, ISBN-13: 978-3783131642

Indien und China: Asiatische Wege ins globale Zeitalter von Gerhard Schweizer (Gebundene Ausgabe: 284 Seiten), Verlag: Klett-Cotta (2001), ISBN-10: 3608919759, ISBN-13: 978-3608919752

La belle histoire des Missions étrangères : 1658-2008 de Gilles Van Grasdorff (Broschiert: 492 Seiten), Verlag : Librairie Académique Perrin (22 Oktober 2007), Sprache: Französisch, ISBN-10: 2262025665, ISBN-13: 978-2262025663

La Chine et les Puissances Chrétiennes: V. 1 de Sinibaldo de Mas (Broschiert: 388 Seiten), Verlag: University of Michigan Library (27 April 2009, ASIN: B002IA0CPI

Maos fromme Enkel: Chinas Christen im Aufbruch von Hanspeter Oschwald von Pattloch (Broschiert : 280 Seiten), Verlag: Pattloch; Auflage: EA, (19. März 2008), Sprache: Deutsch, ISBN-10: 3629021875, ISBN-13: 978-3629021878

„Schneller, höher, stärker". China und die Olympiade 2008. Evangelisches Missionswerk in Deutschland (EMW) – China InfoStelle (CIS) (Hrsg.). Blaue Reihe Bd. 13. Hamburg 2007

Von Österreichern und Chinesen von Gerd Kaminski und Else Unterrieder (Gebundene Ausgabe : 1084 Seiten), Verlag: Europa-Wien (1980), ISBN-10: 3203507447, ISBN-13: 978-3203507446

Was Sie unbedingt über China/Asien wissen müssen von Vera F. Birkenbihl (Broschiert:364 Seiten), Verlag: Moderne Verlagsgesellschaft mvg; Auflage: 1 (November 2007), ISBN-10: 3636063499, ISBN-13: 978-3636063496

Index

Adam Schall von Bell 18, 28, 65, 120
Aggiornamento 86
Alopen 11
Aloysius Jin Luxian 134
Antonio Riberi 41, 43
Bǎodìng 43, 55, 58, 60, 61, 64, 65, 71
Běijīng 15, 16, 21, 27, 28, 29, 30, 39, 41, 42, 45, 48, 50, 54, 56, 57, 59, 60, 61, 63, 64, 66, 69, 70, 71, 72, 73, 74, 76, 81, 82, 85, 99, 103, 104, 119, 120, 121, 129, 130, 131, 152
Benedikt XIV 163
Benedikt XV 39, 163
Benediktiner 96, 99
Bonifatius VIII 15
Boxer 25, 121, 131
Boxeraufstandes 21, 30, 129
Buddhismus 15, 53, 83, 100, 101
Carlo Tommaso Maillard de Tournon 130
Carpini 14
Chéngdé 98
Chiang Kai-shek 37
Chinesische Christenrat 52
Chinesische Märtyrer 22

Coelestin I 11
Dàlián 156
Daoismus 47, 48, 53, 101, 135, 145
Dèng Xiǎopíng 31, 49
Dominikaner 20, 21
Drei-Selbst-Bewegung 43, 52
Ein-Kind-Familienpolitik 52
Ferdinand Verbiest 18, 29, 71
Francois Vincent Lebbe 30
Franziskaner 14, 15, 16, 17, 20, 21
Fúzhōu 62, 66
Giacomo Rho 28
Gong Pinmei 42, 43, 44, 52, 57, 59, 63, 134
Hángzhōu 10
Harbin 24, 61, 69
Harmonie 25, 48
harmonischen Gesellschaft 82, 99
hl. Josef Freinadametz 31
Hudson Taylor 34, 35, 167
Innozenz IV 14, 15
Institut für Weltreligionen 74, 75
Islam 15, 53, 83, 84, 85, 101

Jesuiten 17, 19, 20, 21, 28, 29, 43, 120, 124, 128, 132, 139, 163
Jesus 11, 33, 114, 163
Jílín 95, 96, 119, 167
Johann Schreck 28
Johannes von Montecorvino 15
Johannes XXIII 44, 45
John Paul II 22
Kāifēng 62
Kaiser Wànlì 28
Kaiser Dàoguāng 121
Kaiser Guāngxù 131
Kaiser Jiāqìng 125
Kaiser Kāngxī 18, 67, 128, 130
Kaiser Pǔ Yí 37
Kaiser Qiánlóng 25
Kaiser Shùnzhì 29
Kaiser Tàizōng 12
Kaiser Xiánfēng 129
Kaiser Yōngzhèng 130
Kaisers Dàoguāng 128
Kaisers Hóngwǔ 153
Kaiserwitwe Cíxǐ 25, 26
Kāngxī 120
Karl Gützlaff 33
Kommunistischen Partei 60, 62, 68, 76, 82, 83, 85
Konfuzianismus 19, 27, 38, 47
Konfuzius 19, 46, 47

Kulturchristen 101
Laotse 19, 47
Lazare Cattaneo 132
Lazaristen 21, 128
Mao Zedong 42, 45, 49
Matteo Ricci 13, 18, 27, 29, 54, 120, 132, 137
Méihékǒu 95, 167
Minderheit 52, 109, 114
Ming-Dynastie 17, 27, 132
Nánjīng 21, 28, 37, 58, 69, 73, 80, 97, 166
Nestorianer 11
Nestorius 11
Odorich von Pordenone 16
Orthodoxe 23, 147
Papst 11, 14, 15, 16, 29, 30, 42, 43, 44, 45, 46, 48, 50, 53, 55, 59, 60, 61, 70, 72, 99, 100, 102, 103, 128, 162, 163
Pauls VI. 45
Pius' XI 39
Pius XII 40, 43, 44, 62
PVChKK 43, 45, 46, 50, 63, 64, 70
Qiánlón 120
rechtliche Rahmen 105
Ritenstreit 20, 130
Robert Morrison 32, 34
Rubruk 14
Shànghǎi 36, 38, 39, 42, 43, 44, 50, 52, 54, 55, 57, 58,

59, 61, 63, 67, 69, 72, 73,
75, 77, 81, 92, 97, 114,
132, 133, 134, 135, 138,
142, 143, 145, 147, 153,
167
Stele 13, 90
Sun Yat-sen 37
Thomas Tian Gengxin 129
Tiānjīn 25, 31, 50, 60, 63, 65,
73, 81
Urban VIII 162

Volksreligion 19, 20, 47, 71
Watchman Nee 36, 37
Wēnzhōu 65, 76, 77
Xī'ān 13, 28, 56, 66, 71, 97
Xú Guāngqǐ 18, 132, 133,
137
Yǒnglì 30
Yōngzhèng 20, 120
Yuan-Dynastie 16
Zhou Enlai 31, 42, 49

Raum für persönliche Eintragungen: